MIX
Papier aus verantwortungsvollen Quellen
Paper from responsible sources
FSC® C105338

Lukas Hechl

Bilanzrechtliche Probleme des Jahresabschlusses einer GmbH & Co KG

Diplomica® Verlag GmbH

Hechl, Lukas: Bilanzrechtliche Probleme des Jahresabschlusses einer GmbH & Co KG.
Hamburg, Diplomica Verlag GmbH 2012

ISBN: 978-3-8428-8178-5
Druck: Diplomica® Verlag GmbH, Hamburg, 2012

Bibliografische Information der Deutschen Nationalbibliothek:
Die Deutsche Nationalbibliothek verzeichnet diese Publikation in der Deutschen
Nationalbibliografie; detaillierte bibliografische Daten sind im Internet über
http://dnb.d-nb.de abrufbar.

Die digitale Ausgabe (eBook-Ausgabe) dieses Titels trägt die ISBN 978-3-8428-3178-0
und kann über den Handel oder den Verlag bezogen werden.

Dieses Werk ist urheberrechtlich geschützt. Die dadurch begründeten Rechte,
insbesondere die der Übersetzung, des Nachdrucks, des Vortrags, der Entnahme von
Abbildungen und Tabellen, der Funksendung, der Mikroverfilmung oder der
Vervielfältigung auf anderen Wegen und der Speicherung in Datenverarbeitungsanlagen,
bleiben, auch bei nur auszugsweiser Verwertung, vorbehalten. Eine Vervielfältigung
dieses Werkes oder von Teilen dieses Werkes ist auch im Einzelfall nur in den Grenzen
der gesetzlichen Bestimmungen des Urheberrechtsgesetzes der Bundesrepublik
Deutschland in der jeweils geltenden Fassung zulässig. Sie ist grundsätzlich
vergütungspflichtig. Zuwiderhandlungen unterliegen den Strafbestimmungen des
Urheberrechtes.

Die Wiedergabe von Gebrauchsnamen, Handelsnamen, Warenbezeichnungen usw. in
diesem Werk berechtigt auch ohne besondere Kennzeichnung nicht zu der Annahme,
dass solche Namen im Sinne der Warenzeichen- und Markenschutz-Gesetzgebung als frei
zu betrachten wären und daher von jedermann benutzt werden dürften.

Die Informationen in diesem Werk wurden mit Sorgfalt erarbeitet. Dennoch können
Fehler nicht vollständig ausgeschlossen werden, und der Diplomica Verlag, die Autoren
oder Übersetzer übernehmen keine juristische Verantwortung oder irgendeine Haftung
für evtl. verbliebene fehlerhafte Angaben und deren Folgen.

© Diplomica Verlag GmbH
http://www.diplomica-verlag.de, Hamburg 2012
Printed in Germany

meiner Familie

Inhaltsverzeichnis

ABKÜRZUNGSVERZEICHNIS **9**

VERZEICHNIS DER ABGEKÜRZTEN LITERATUR **10**

A   **EINFÜHRUNG IN DIE GMBH & CO KG** **13**

     1   GRUNDLAGEN 13
     2   BEDEUTUNG DER GMBH & CO KG 14
     3   FORMEN DER GMBH & CO KG 15
     4   DAS PROBLEM DER RECHNUNGSLEGUNG BEI DER GMBH & CO KG 16

B   **DER JAHRESABSCHLUSS DER KOMPLEMENTÄR-GMBH** **19**

     1   ALLGEMEIN 19
         1.1   *Pflicht zur Erstellung des JA* *19*
         1.2   *Die Größeneinteilung des § 221* *19*
         1.3   *Aufstellung vs Feststellung* *20*
     2   DIE ROLLE DER ANTEILE AN DER KG IM ABSCHLUSS DER GMBH 21
         2.1   *Keine Kapitalbeteiligung an der KG* *21*
             a)   Die Beitragspflicht der GmbH 21
             b)   Die Folgen für die Gewinnverteilung 22
             c)   Der Ansatz des Gewinns/Haftungsprämie 25
             d)   Zwischenergebnis 26
         2.2   *Mit Kapitalbeteiligung an der KG* *26*
             a)   Der Kapitalanteil 26
             b)   Die Beteiligung an der KG in der Bilanz der GmbH 27
             c)   Die Spiegelbildmethode 28
             d)   Die Zuflussmethode 30
             e)   Zwischenergebnis 32
             f)   Wertänderungen der Beteiligung mit der Zuflussmethode 32
     3   DIE BERÜCKSICHTIGUNG DER VERBINDLICHKEITEN DER KG IM
JAHRESABSCHLUSS DER GMBH 35
         3.1   *Die Haftung des Komplementärs einer KG* *35*
         3.2   *Identität der Verbindlichkeiten?* *37*
         3.3   *Ausweis als Rückstellung* *38*
         3.4   *Ausweis als Haftungsverhältnis gemäß § 199?* *38*
         3.5   *Ausweis im Anhang des JA* *41*
         3.6   *Die Bildung von Rückstellungen für Verbindlichkeiten der KG* *42*
             a)   Die allgemeine Prüfung nach Rückstellungsbedarf 42
             b)   Zahlungsunfähigkeit und Überschuldung 43
             c)   Drohende Zahlungsunfähigkeit 44

		d)	Reorganisationsbedarf nach dem URG	46
		e)	Zwischenergebnis	47
		f)	Höhe der zu bildenden Rückstellung	47
		g)	Die Rolle von Regressforderungen nach § 110	52
		h)	„Simultaninsolvenz" der GmbH mit der KG	53

C   DIE PRÜFUNG DES ABSCHLUSSES DER GMBH & CO KG 55

1   UMFANG DER PRÜF- UND OFFENLEGUNGSPFLICHT 55

2   ALLGEMEIN ZUR PRÜFPFLICHT EINER GMBH & CO KG 56

3   DIE ZEITLICHEN VORAUSSETZUNGEN DER PRÜFPFLICHT 57

    3.1   Die Größenmerkmale des § 221 57

    3.2   Die Rechtsformspezifische Rechnungslegung 58

4   DIE BILDUNG EINES AUFSICHTSRATS 62

    4.1   Der Aufsichtsrat bei der Komplementär-GmbH 63

		a)	Gesetzliche Vorschriften	63
		b)	Gesellschaftsvertragliche Regelung über den Aufsichtsrat	64
		c)	Zwischenergebnis	65

    4.2   Der Aufsichtsrat bei der KG 65

5   DIE PRÜFUNG DER JAHRESABSCHLÜSSE 65

    5.1   Die Vorlage des Prüfberichts 66

    5.2   Prüfungsausschuss 67

    5.3   Feststellung des JA 68

6   ERGEBNIS 68

D   ZUSAMMENFASSUNG 69

LITERATURVERZEICHNIS 71

Abkürzungsverzeichnis

aA	anderer Ansicht
ABGB	Allgemeines Bürgerliches Gesetzbuch (JGS Nr. 946/1811)
AG	Aktiengesellschaft
AK	Anschaffungskosten
BGH	Deutscher Bundesgerichtshof
bzw	beziehungsweise
dHGB	deutsches Handelsgesetzbuch
dInsO	deutsche Insolvenzordnung
E	Entscheidung
EB	Erläuternde Bemerkungen
EKEG	Eigenkapitalersatzgesetz (BGBl I Nr. 92/2003)
EStR	Ertragssteuerrichtlinien des Bundesministeriums für Finanzen
GmbH	Gesellschaft mit beschränkter Haftung
GmbHG	GmbH Gesetz (RGBl Nr 58/1906)
GoB	Grundsätze ordnungsgemäßer Buchführung
GuV	Gewinn- und Verlustrechnung
HaRÄG	Handelsrechts-Änderungsgesetz (BGBl I Nr. 120/2005)
hL	herrschende(r) Lehre
hM	herrschende(r) Meinung
idgF	in der geltenden Fassung
IDW	Institut der Wirtschaftsprüfer in Deutschland e.V.
ieS	im engeren Sinne
InvFG	Investmentfondsgesetz 2011 (BGBl I 77/2011)
IO	Insolvenzordnung (RGBl Nr 337/1914)
IRÄG	Insolvenzrechtsänderungsgesetz 2010 (BGBl I Nr 29/2010)
iSd	im Sinne des/r
iVm	in Verbindung mit
JA	Jahresabschluss
KESt	Kapitalertragssteuer
KG	Kommanditgesellschaft
KöSt	Körperschaftssteuer
maW	mit anderen Worten
mE	meines Erachtens
mwN	mit weiteren Nachweisen
OG	Offene Gesellschaft
UFS	Unabhängiger Finanzsenat
UGB	Unternehmensgesetzbuch (dRGBl S 219/1897)
URG	Unternehmensreorganisationsgesetz (BGBl I Nr 114/1997)
vgl	vergleiche
VwGH	Verwaltungsgerichtshof
zT	zum Teil

Gesetzeszitate ohne Benennung beziehen sich auf das UGB idgF.

Verzeichnis der abgekürzten Literatur

ADS	Adler, Hans/Düring, Walter/Schmaltz, Kurt, Rechnungslegung und Prüfung der Unternehmen [6] (1996), Schäffer-Poeschel, Stuttgart
Allg UntR	Kalss, Susanne/Schauer, Martin/Winner, Martin Allgemeines Unternehmensrecht [1] (2011), Facultas.WUV, Wien
Aufstellung	Weilinger, Arthur, Die Aufstellung und Feststellung des Jahresabschlusses im Handels- und Gesellschaftsrecht (1997), Manz, Wien.
BeBilKo	Ellrott, Helmut/Budde, Wolfgang Dieter (Hrsg), Beck'scher Bilanz-Kommentar [7] (2010), Beck, München
Bilanzrecht	Hirschler, Klaus (Hrsg), Bilanzrecht (2010), Linde, Wien
BuB	Bertl, Romuald/Deutsch-Goldoni, Eva/Hirschler, Klaus, Buchhaltungs- und Bilanzierungshandbuch. [mit zahlr. Beispielen][6] (2009), LexisNexis ARD ORAC, Wien
Erleichterungen	Huemer, Daniela, Größenabhängige Erleichterungen bei der Rechnungslegung, Fachbuch Rechnungswesen, Linde, Wien
FS Vodrazka	Kofler, Herbert/ Jacobs Otto (Hrsg), Rechnungswesen und Besteuerung der Personengesellschaften. FS Karl Vordrazka (1991), Linde, Wien
GesR	Duursma, Dieter/Duursma-Kepplinger, Henriette-Christine/Roth, Marianne, Handbuch zum Gesellschaftsrecht (2007), LexisNexis ARD ORAC, Wien
GmbH & Co in Krise	Uhlenbruck, Wilhelm, Die GmbH & Co KG in Krise, Konkurs und Vergleich [2] (1988), Schmidt, Köln
GmbHG	Koppensteiner, Hans G./Rüffler, Friedrich (Hrsg), GmbH-Gesetz [3] (2007), LexisNexis ARD ORAC, Wien
Handbuch GesR	Gummert, Hans/Weipert, Lutz (Hrsg), Münchener Handbuch des Gesellschaftsrechts - Band 2. Kommanditgesellschaft · GmbH & Co. KG Publikums-KG · Stille Gesellschaft (2009), C. H. Beck, München
Hesselmann/Tillmann	Hesselmann, Malte/Tillmann, Bert/Mueller-Thuns, Thomas (Hrsg), Handbuch GmbH & Co. KG. Gesellschaftsrecht, Steuerrecht[20] (2009), O. Schmidt, Köln
Insolvenzgesetze	Konecny, Andreas/Schubert, Günter (Hrsg), Insolvenzgesetze (2010), Manz, Wien
Jabornegg UGB	Jabornegg, Peter/Artmann, Eveline (Hrsg), UGB [2] (2010), Springer, Wien
Jahresabschluss UGB	Egger, Anton/Samer, Helmut/Bertl, Romuald, Der Jahresabschluss nach dem Unternehmensgesetzbuch [12] (2008), Linde, Wien
Kastner/Stoll	Kastner, Walter/Stoll, Gerold (Hrsg), Die GmbH & Co. KG im Handels-, Gewerbe- und Steuerrecht [2] (1977), Orac, Wien
MüKo	Schmidt, Karsten (Hrsg), Münchener Kommentar zum Handelsgesetzbuch [3] (2011), C. H. Beck, München
öGesR	Kalss, Susanne/Nowotny, Christian/Schauer, Martin (Hrsg), Österreichisches Gesellschaftsrecht, Handbuch (2008), Manz, Wien
RK UGB	Krejci, Heinz/Bydlinski, Sonja/Dehn, Wilma/Schauer, Martin (Hrsg), Reformkommentar UGB (2007), Manz, Wien
Straube GmbHG	Straube, Manfred (Hrsg), Wiener Kommentar zum GmbH-

	Gesetz³ (2010), Manz, Wien
Straube UGB I	*Straube, Manfred* (Hrsg), Wiener Kommentar zum Unternehmensgesetzbuch - UGB⁴ (2009), Manz, Wien
Straube UGB II	*Straube, Manfred* (Hrsg), Wiener Kommentar zum Unternehmensgesetzbuch - UGB³ (2011), Manz, Wien
Sudhoff	*Sudhoff, Heinrich* (Hrsg), GmbH & Co. KG⁶ (2005), Beck, München

A   Einführung in die GmbH & Co KG

1   Grundlagen

Die GmbH & Co KG ist eine Sonderform der Kommanditgesellschaft und somit eine Personengesellschaft.[1] Gemäß § 161 Abs 1 ist eine KG eine Gesellschaft mit zwei unterschiedlichen „Gesellschafterkategorien": die beschränkt mit ihrer Hafteinlage haftenden Kommanditisten und die unbeschränkt haftenden Komplementäre. Die KG baut auf dem Recht der Offenen Gesellschaft auf und ist als „Sonderfall" der OG konzipiert.[2] Die Haftung der Komplementäre ist also persönlich, unbeschränkt, unbeschränkbar, primär, unmittelbar und solidarisch.[3] Die Eigenart einer GmbH & Co KG ist nun aber, dass – entgegen der ursprünglichen Intention des Gesetzgebers – anstatt/zusätzlich einer natürlichen Person, zumindest eine Kapitalgesellschaft diese Komplementärstellung einnimmt.[4] Diese Kapitalgesellschaft ist für gewöhnlich eine Gesellschaft mit beschränkter Haftung. Jedoch ist auch eine AG, SE oder ein Verein denkmöglich. Diese Formen spielen in der Praxis jedoch eine untergeordnete Rolle.[5]

Jedenfalls wird auf diese Weise eine Konstruktion erreicht, dass zwei verschiedene Gesellschaftstypen (eine Personengesellschaft auf der einen Seite und eine Kapitalgesellschaft auf der anderen) für ein einziges Unternehmen tätig werden.

Im Gegensatz zu den anderen Gesellschaftsformen wurde sie jedoch nicht vom Gesetzgeber geschaffen, sondern ist eine „Schöpfung der Wirtschaftspraxis".[6] Die Frage der Anerkennung der GmbH & Co in Österreich ist sowohl in Lehre als auch Rechtsprechung bereits lange geklärt.[7] Auch wenn diese besondere Personengesellschaft in einigen Rechtsbereichen einer Kapitalgesellschaft gleichgestellt ist,[8] fehlt nach wie vor – wie von einem Teil der Lehre gefordert[9] – ein eigenes Gesellschaftsrecht für die GmbH & Co KG. Somit sind für die KG die Regelungen des UGB relevant – für die GmbH freilich die des GmbHG iVm dem UGB. Um die Handlungsfähigkeit der

---

[1] *Duursma/Duursma-Kepplinger/Roth*, Handbuch zum Gesellschaftsrecht (2007), Rz 1129.
[2] *Schörghofer* in *Kalss/Nowotny/Schauer* (Hrsg), Österreichisches Gesellschaftsrecht (2008), Rz 2/692.
[3] *Schummer*, Personengesellschaften ^{7} (2010), 45.
[4] Siehe hierzu A3.
[5] *Duursma/Duursma-Kepplinger/Roth*, GesR, Rz 1129.
[6] *Harrer*, Die Personengesellschaft als Trägerin eines Unternehmens (2010), 428.
[7] Ausf *Straube*, Die GmbH & Co - eine moderne Gesellschaftstype: Entstehung, Entwicklung und Bedeutung in *Kastner/Stoll* (Hrsg), Die GmbH & Co. KG im Handels-, Gewerbe- und Steuerrecht^2 (1977), 15 mwN.
[8] Vgl § 67 IO, § 11 EKEG, § 22 Abs 2 URG.
[9] Vgl *Kalss/Eckert/Schörghofer*, Ein Sondergesellschaftsrecht für die GmbH & Co KG?, GesRZ 2009, 65; *Duursma/Duursma-Kepplinger/Roth*, GesR, Rz 1130.

Konstruktion zu gewährleisten ist jedenfalls eine „Verzahnung"[10] der Gesellschaftsverträge nötig.

2 Bedeutung der GmbH & Co KG

Bisher war es schwierig die Bedeutung der GmbH & Co KG zu quantifizieren. In Deutschland waren es zum Stichtag 1.1.2001 109.035 Unternehmen in der Rechtsform eine GmbH & Co KG. Was einem Anteil von ca 10 % der erfassten Unternehmen bedeutet.[11] Erst seit einem kürzlich erschienen Aufsatz von *Reich-Rohrwig*[12] scheint die genaue Zahl von 12.291 GmbH & Co KG zum Stichtag 1.1.2011 in Österreich bekannt zu sein.

Ursprünglich waren es vor allem steuerliche Motive, die zur Gründung einer GmbH & Co KG führten.[13] Nach der Senkung der KöSt und der Einführung des Halbsatzverfahrens bzw der Endbesteuerung mit KESt ist ein steuerlicher Vorteil inzwischen jedoch von geringerer Bedeutung.[14] Dennoch bleibt eine gewisse Flexibilität um steuerliche Vorteile, die zwischen Besteuerung einer Kapitalgesellschaft und einer Personengesellschaft bestehen, auszunützen.

Das wichtigste Motiv zur Gründung einer GmbH & Co KG ist wohl jenes einer „Personengesellschaft mit beschränkter Haftung."[15] Durch die GmbH als unbeschränkt haftenden Gesellschafter ist im Endeffekt die Haftung der dahinterstehenden natürlichen Personen beschränkt (die Kommanditisten haften ja ebenfalls nur mit ihrer Haftsumme).

Ein weiterer Vorteil des Konstrukts einer GmbH & Co KG ist die Möglichkeit einer „mittelbaren Fremdorganschaft".[16] Da gemäß § 164 die GmbH als Komplementärin die Geschäftsführung der KG innehat, besteht auch die Möglichkeit, einen Geschäftsführer zu bestellen, der nicht (unbeschränkt oder beschränkt) haftender Gesellschafter ist. Somit wird das – für Personengesellschaften typische – Prinzip der Selbstorganschaft umgangen. Ergänzend dazu sind auch Änderungen der Geschäftsführung idR bei einer GmbH leichter zu bewerkstelligen als bei einer KG, wo eine Änderung des Gesellschaftsvertrages nötig ist.

---

[10] *Schmidt*, Die GmbH & Co. KG als Lehrmeisterin des Personengesellschaftsrechts, JZ 2008, 425 (426).
[11] *Liebscher* in *Sudhoff* (Hrsg), GmbH & Co. KG[6] (2005), § 2 Rz 39.
[12] *Reich-Rohrwig*, Verpfändung und Pfändung von OG- und KG-Anteilen, ecolex 2011, 4.
[13] Ausf *Straube* in *Kastner/Stoll*, 9 ff.
[14] *Roth/Fitz/Murschitz*, Unternehmensrecht [2] (2006), Rz 599.
[15] *Binz/Sorg/Mayer*, Die GmbH & Co. KG [11] (2010), § 1 Rz 17.
[16] *Doralt*, Die Geschäftsführer der GmbH & Co KG im Handelsrecht in *Kastner/Stoll* (Hrsg), Die GmbH & Co. KG im Handels-, Gewerbe- und Steuerrecht[2] (1977), 236.

Die Flexibilität, die eine GmbH gewährleistet, ist als weiteres Motiv für die Gründung einer GmbH & Co KG zu sehen. Da normalerweise die KG mit dem Tod des Komplementärs erlischt (§ 131 Z 4), kann mittels einer GmbH die Kontinuität der Gesellschaft gesichert werden.

3 Formen der GmbH & Co KG

Aufgrund der Flexibilität der Gesellschafter einer GmbH sind unterschiedliche Ausprägungsformen einer GmbH & Co KG möglich. Diese Übersicht soll nur einen schnellen Überblick ermöglichen Für weitere Informationen wird auf die weiterführende Literatur verwiesen.[17]

- GmbH & Co KG im weiteren Sinne

Zumindest eine GmbH ist neben mindestens einer natürlichen Person in der Stellung des Komplementärs.

- GmbH & Co KG im engeren Sinne

Eine GmbH ist der einzige Komplementär der KG.

- GmbH & Co KG im engsten Sinne

Die Kommanditisten der KG sind gleichzeitig auch Gesellschafter der GmbH. Diese Form wird uA auch als „echte" oder „personengleiche" GmbH & Co KG bezeichnet.[18]

- Einmann-GmbH & Co KG

Der einzige Gesellschafter der Komplementär GmbH ist gleichzeitig auch einziger Kommanditist. Dies ist deshalb möglich, da zwei unterschiedliche Rechtssubjekte an der KG beteiligt sind.[19]

---

[17] uA *Koppensteiner/Auer* in *Straube*, Wiener Kommentar zum Unternehmensgesetzbuch - UGB⁴ (2009), § 161 Rz 18.
[18] *Schörghofer* in *öGesR*, Rz 2/911.
[19] Vgl OGH vom 25.10.1995, 6 Ob 1028/95.

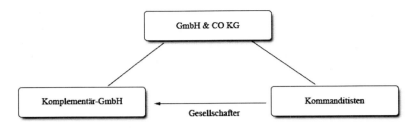

Abbildung 1: Personengleiche bzw Einmann-GmbH & Co KG (eigene Darstellung)

- Einheits-GmbH & Co KG

Bei dieser Gestaltungsform hält die KG alle Anteile an der GmbH. Aufgrund des in § 81 GmbHG normierten Verbots des Erwerbs eigener Anteile wird diese Variante von der hL in Österreich als unzulässig angesehen.[20]

- Mehrstöckige GmbH & Co KG

Die GmbH & Co KG ist wiederum Komplementärin einer weiteren GmbH & Co KG.

Für die weitere Arbeit wird nicht mehr zwischen den einzelnen Erscheinungsformen differenziert, sondern allgemein von einer GmbH & Co KG gesprochen. Gemeint ist hier die GmbH & Co KG im engeren Sinne – also ohne eine natürliche Person als unbeschränkt haftenden Gesellschafter. Wichtig ist hier, dass nicht die Haftung der GmbH beschränkt ist (diese haftet als Komplementär mit ihrem gesamten Vermögen), sondern die Haftung der hinter der GmbH & Co KG stehenden Personen.[21]

4 Das Problem der Rechnungslegung bei der GmbH & Co KG

Dieser Sonderform einer KG widerfährt auch in den Rechnungslegungsvorschriften des UGB eine Sonderbehandlung. So normiert § 189 Abs 1 Z 1, dass das dritte Buch des UGB jedenfalls anzuwenden ist auf „[…] unternehmerisch tätige Personengesellschaften, bei denen kein unbeschränkt haftender Gesellschafter eine natürliche Person ist". Unabhängig[22] also von den Umsatzschwellen der Z 2 leg cit unterliegt eine solche sogenannte „verdeckte Kapitalgesellschaft"[23] immer den Rechnungslegungsvorschriften des Dritten Buches. Der Tatbestand ist weit gefasst, dass etwa auch eine Kapitalgesell-

---

[20] So zB *Duursma/Duursma-Kepplinger/Roth,* GesR, Rz 1138 und *Koppensteiner/Auer* in *Straube UGB I,* § 161 Rz 18. Vgl aber auch für D *Liebscher* in *Sudhoff,* § 2 Rz 7 ff.
[21] *Binz/Sorg/Mayer,* GmbH & Co. KG, § 1 Rz 18.
[22] *Michlits/Unger* in *Straube,* Wiener Kommentar zum GmbH-Gesetz[3] (2010), § 22 Rz 9.
[23] *Nowotny* in *Straube,* Wiener Kommentar zum Unternehmensgesetzbuch - UGB[3] (2011), § 221 Rz 9.

schaft & Co OG erfasst wird.[24] Also eine OG, bei der kein Gesellschafter eine natürliche Person ist. Ausschlaggebend für die Qualifikation als unbeschränkt haftender Gesellschafter ist jedoch nicht die unmittelbare Betrachtungsweise. Gesetz dem Fall, dass eine weitere Personengesellschaft in der Rolle des Komplementärs steht, zählt hier das Vorhandensein einer natürlichen Person als unbeschränkt haftender Gesellschafter. Somit ist das Ende der „Beteiligungskette"[25] entscheidend, um die Rechtsfolgen des § 221 auszulösen.[26]

Für die weitere Betrachtung wird sowohl diese Kapitalgesellschaft & Co OG als auch andere Formen der Kapitalgesellschaft & Co KG außer Acht gelassen.

Des Weiteren normiert § 221 Abs 5 die Anwendung der – eigentlich für die Kapitalgesellschaft vorbehaltenen – Regeln der §§ 222 bis § 243 über die Bilanz, die GuV und den Anhang des JA. Sowie die Pflicht zur Prüfung, Offenlegung und Veröffentlichung des JA, die in den §§ 268 bis 283 normiert ist. Zusätzlich bezieht § 244 Abs 3 die verdeckten Kapitalgesellschaften in die Konzernrechnungslegungsregeln der §§ 244 bis 267 mit ein, sollte ein Konzern iSd Abs 1 leg cit vorliegen.

Somit ist bezüglich der Rechnungslegung die GmbH & Co KG wie eine Kapitalgesellschaft zu behandeln. Das bedeutet nun, dass sowohl die Komplementär-GmbH als auch die KG den Regeln des Dritten Buches des UGB unterliegen – also zwei voneinander getrennte JA eines Unternehmens zu erstellen sind, die ihrer Intention nach eine Einheit bilden.

Da aber nun nach § 128 iVm § 161 der Komplementär für die Verbindlichkeiten der KG voll haftet, stellt sich die Frage, wie diese Verbindlichkeiten im JA der GmbH aufscheinen. Diese ist ja auch durch § 190 verpflichtet, „[…] sachverständigen Dritten innerhalb angemessener Zeit einen Überblick über die Geschäftsvorfälle und über die Lage des Unternehmens zu vermitteln". Auf dieses Problem wird im Abschnitt „B3 – *Die Berücksichtigung der Verbindlichkeiten der KG im Jahresabschluss der GmbH*" eingegangen. Des Weiteren stellt sich die Frage, wie die Beteiligung der Komplementär-GmbH an der KG im JA der GmbH abzubilden ist. Im Abschnitt „B2 – *Die Rolle der Anteile an der KG im Abschluss der GmbH*" wird versucht für dieses Problem eine Lösung zu finden. Im Abschnitt „C – *Die Prüfung des Abschlusses der GmbH & Co*

---

[24] *Duursma/Duursma-Kepplinger/Roth,* GesR, Rz 1190.
[25] *Schummer,* Zur Rechnungslegung der Kapitalgesellschaft & Co, RWZ 1993, 7 (9).
[26] *Förschle/Usinger* in *Ellrott/Budde,* Beck'scher Bilanz-Kommentar[7] (2010), § 264a Rz 11.

KG" wird schließlich noch die Problematik der Abschlussprüfung im Zusammenhang mit den beiden JA betrachtet.

B Der Jahresabschluss der Komplementär-GmbH

1 Allgemein

Da es für die Klassifizierung einer GmbH keinen Unterschied macht, dass sie als Komplementärin einer KG auftritt, unterscheidet sich der Prozess der Erstellung des JA nicht von dem einer „gewöhnlichen" GmbH. Freilich unterliegt auch sie kraft Rechtsform der Rechnungslegungspflicht des Dritten Buches und den Sondervorschriften für Kapitalgesellschaften der §§ 222 bis 243 und §§ 268 bis 283.

Zu beachten ist, dass aufgrund ihrer wirtschaftlichen Einheit die beiden Gesellschaften an sich noch nicht den Konzerntatbestand des § 244 erfüllen.[27] Dem steht aber nicht entgegen, dass eine GmbH & Co KG bei Erfüllen der Voraussetzungen gemäß § 244 Abs 3 sehr wohl konzernrechnungslegungspflichtig ist.

1.1 Pflicht zur Erstellung des JA

Da gemäß § 164 die Komplementäre zur Geschäftsführung berufen sind, erfüllt in einer GmbH & Co KG die GmbH diese Funktion.[28] Die Geschäftsführer der GmbH sind somit sowohl zur Aufstellung des JA der Komplementär-GmbH verpflichtet als auch zur Aufstellung des JA der KG (§ 222).

Zu beachten ist natürlich auch § 22 GmbHG, der nach hL Bezug auf die Grundsätze ordnungsgemäßer Buchführung der §§ 189 f nimmt,[29] mit seiner Verpflichtung zu einem internen Kontrollsystem jedoch über die GoB hinausgeht.[30] Zusätzlich normiert § 22 Abs 2 GmbHG Informationsrechte der Gesellschafter.[31]

1.2 Die Größeneinteilung des § 221

Für den Umfang des JA der Komplementär-GmbH ist somit in erster Linie die Größeneinteilung des § 221 entscheidend. Um in den Genuss der größenabhängigen Erleichterungen des § 242 zu fallen, muss die GmbH als „klein" definiert werden. Dies hat zur Folge, dass nur ein verkürzter Anhang erstellt werden muss und die Erstellung eines

---

[27] *Schmidt*, Insolvenz und Insolvenzabwicklung bei der typischen GmbH & Co. KG, GmbHR 2002, 1209
[28] Siehe hierzu bereits A2.
[29] Vgl *Koppensteiner/Rüffler*, GmbH-Gesetz³ (2007), § 22 Rz 5; *Michlits/Unger* in Straube GmbHG, § 22 Rz 7 f; *Nowotny* in Kalss/Nowotny/Schauer (Hrsg), Österreichisches Gesellschaftsrecht (2008), Rz 4/360.
[30] *Michlits/Unger* in Straube GmbHG, § 22 Rz 21.
[31] Vgl hierzu uA *Koppensteiner/Rüffler*, GmbH-Gesetz³, § 22 Rz 36 ff; *Michlits/Unger* in Straube GmbHG, § 22 Rz 26 ff.

Lageberichts unterbleiben kann. Nur auf Verlangen eines Minderheitsgesellschafters mit mindestens 10 % Beteiligung bzw einer Beteiligungs-höhe von mind 1,4 Mio € muss ein vollständiger Anhang in den JA einfließen. Bezüglich der Offenlegung müssen kleine GmbH gemäß § 278 nur eine vereinfachte Bilanz und den (verkürzten) Anhang zum Firmenbuch einreichen.[32] Eine Offenlegung der GuV kann unterbleiben.

Eine weitere Erleichterung für kleine GmbH ist die Ausnahme von der Prüfpflicht der §§ 268 ff. Diese Ausnahme von der Prüfpflicht gilt jedoch dann nicht, wenn aufgrund gesetzlicher Regelungen die GmbH einen Aufsichtsrat zu bestellen hat (§ 268 Abs 1). Hierzu ist in erster Linie § 29 GmbHG einschlägig. Des Weiteren jedoch auch zB § 2 Abs 5 InvestmentfondG oder § 12 WohnungsgemeinnützigkeitsG.[33] Eine Prüfpflicht kann sich jedoch auch aus dem Unternehmensgegenstand ergeben.[34]

Im Normalfall ist die Komplementär GmbH als kleine Kapitalgesellschaft einzustufen.[35] Dies rührt daher, dass die GmbH meist nur die Haftungs- und Geschäftsführungsfunktion inne hat und somit keine eigenen Umsätze erzielt[36] (sog „Arbeitsgesellschafterin"[37]). Somit kommt die Komplementär-GmbH grundsätzlich in den Genuss der soeben dargestellten größenabhängigen Erleichterungen.

1.3 Aufstellung vs Feststellung

Zu unterscheiden ist die Aufstellung des JA von der Feststellung desselben. Die gesetzlichen Vertreter haben gemäß § 222 Abs 1 innerhalb der ersten fünf Monate des Geschäftsjahres den JA für das vergangene Geschäftsjahr aufzustellen. Nach dessen Aufstellung ist der JA allen Gesellschaftern zu übermitteln.[38] Da die Komplementär-GmbH eine Kapitalgesellschaft ist, findet die allgemeine 9 Monatsfrist des § 193 Abs 2 keine Anwendung. Ungeachtet des (denkmöglichen) Umstandes eines Ausschlusses des Komplementärs von der Geschäftsführung der GmbH & Co KG,[39] hat die Geschäftsführung der GmbH den JA derselben aufzustellen, da eine GmbH immer einen Geschäfts-

---

[32] *Duursma/Duursma-Kepplinger/Roth*, GesR, Rz 3283.
[33] *Koppensteiner* in *GmbHG*, § 29 Rz 4.
[34] *Nowotny* in *öGesR*, Rz 4/140.
[35] *Düll* in *Sudhoff* (Hrsg), GmbH & Co. KG[6] (2005), § 22 Rz 3.
[36] *Korntner*, Die wichtigsten Aktivitäten bei geplanten Umgründungen (Teil VIb), FJ 2010, 84 (86).
[37] Zur Anerkennung siehe uA VwGH vom 16.12.1999, 99/16/0205.
[38] *Bertl/Deutsch-Goldoni/Hirschler*, Buchhaltungs- und Bilanzierungshandbuch [6] (2009), 249; *Koppensteiner* in *GmbHG*, § 22 Rz 20.
[39] *Schörghofer* in *öGesR*, Rz 2/779 ff; *Grunewald* in *Schmidt*, Münchener Kommentar zum Handelsgesetzbuch[2] (2008), § 164 Rz 23.

führer bestellen muss.[40] Ob die GmbH als Komplementärin nun zur Geschäftsführung der GmbH & Co KG befugt, oder gesellschaftsvertraglich davon ausgeschlossen ist, ist hier irrelevant.

Innerhalb von 8 Monaten muss gemäß § 35 Abs Z 1 GmbHG der JA von der Gesellschaftsversammlung der GmbH geprüft und festgestellt[41] werden. Feststellung ist jener Rechtsakt der ausdrücken soll, dass vorgelegte JA dem gesetzlichen Bild des Jahresabschlusses handelt.[42] Erst durch die Feststellung des JA durch die Gesellschafter wird dieser verbindlich.[43]

2 Die Rolle der Anteile an der KG im Abschluss der GmbH

Nun ist die Komplementär-GmbH stets zur Rechnungslegung gemäß dem Dritten Buch des UGB verpflichtet. Somit stellt sich die Frage, wie die Beteiligung der GmbH an der KG im JA der GmbH aufscheint.

2.1 Keine Kapitalbeteiligung an der KG

Jeder Gesellschafter einer KG muss einen Beitrag zur Erreichung des Gesellschaftszwecks erbringen. Dieser kann in einer Kapitaleinlage oder in einem sonstigen Beitrag erfolgen.

a) Die Beitragspflicht der GmbH

Die Einlagepflichten der Komplementäre werden durch das Recht der OG geregelt. Da der hier einschlägige § 109 dispositives Recht ist, sind die Gesellschafter nicht verpflichtet, eine Kapitaleinlage zu leisten.[44] Somit stellt auch bloß die Übernahme der persönlichen Haftung einen Beitrag zur Erreichung des Gesellschaftszwecks dar.[45] Daraus folgt, dass der Gesellschafter nur am Gewinn, nicht aber am Kapital beteiligt ist.[46] Somit besteht die Möglichkeit, dass sich der Beitrag einer Komplementär-GmbH in der Übernahme der persönlichen Haftung erschöpft und keine Kapitalbeteiligung an

---

[40] *Koppensteiner* in *GmbHG*, § 15 Rz 6.
[41] *Nowotny* in *Straube*, Wiener Kommentar zum Unternehmensgesetzbuch - UGB³ (2011), § 222 Rz 5.
[42] *Weilinger*, Die Aufstellung und Feststellung des Jahresabschlusses im Handels- und Gesellschaftsrecht (1997), Rz 68.
[43] *Koppensteiner* in *GmbHG*, § 35 Rz 7.
[44] Vgl ErlRV 1058 BlgNr XXII GP, S 39.
[45] *Roth/Fitz/Murschitz*, Unternehmensrecht, Rz 300 ff; *Ihrig* in *Sudhoff* (Hrsg), GmbH & Co. KG⁶ (2005), § 19 Rz 1.
[46] Vgl § 121 Abs 1.

der KG hat. Andere Gesellschafterrechte, wie zB jenes des Stimmrechts bleiben von der fehlenden Kapitalbeteiligung unberührt.[47]

Auch wenn im Gesellschaftsvertrag vereinbart werden kann, dass trotz fehlender Kapitaleinlage ein Kapitalanteil gewährt werden kann, scheitert dies daran, dass die GmbH keine einlagefähige Dienstleistung erbringen kann.[48] Das ändert, wie oben bereits geschildert, jedoch nichts daran, dass beispielsweise die Haftungsübernahme einen Beitrag zur Erreichung des Gesellschaftszwecks darstellt und somit zulässig ist. Die Unterscheidung zwischen Beitrag und Einlage ist unerlässlich.[49]

Eine weitere Hürde für die Qualifikation der Arbeit als Kapitalanteil stellt die Tatsache dar, dass die Dienstleistung der GmbH bei der KG nicht entsprechend § 202 Abs 1 für den JA bewertet werden kann. Die KG unterliegt ja (als GmbH & Co KG) ex lege dem Dritten Buch des UGB und somit auch den Bewertungsvorschriften.

Es gilt streng zu unterscheiden zwischen der Einlagebewertung im Innenverhältnis und der Einlagebewertung für den JA. Im Innenverhältnis besteht Vertragsfreiheit und somit ist es grundsätzlich möglich, dass der Komplementär für seine Dienstleistung einen Kapitalanteil zugestanden bekommt.[50] Dies jedoch nur im Innenverhältnis, da eine Darstellung der Dienstleistung im JA der GmbH & Co KG nicht möglich ist. Einer Komplementär-GmbH kann hingegen auch im Innenverhältnis kein Kapitalanteil zugestanden werden, weil sie keine einlagefähige Dienstleistung erbringen kann.

b) Die Folgen für die Gewinnverteilung

Da die Gewinnverteilungsregelung des § 121 dispositives Recht darstellt, besteht grundsätzlich die Möglichkeit, die Komplementär-GmbH von jeder Gewinnbeteiligung auszuschließen.[51]

Doch auch wenn die GmbH von jedweder Gewinnbeteiligung ausgeschlossen ist, müssen der GmbH vor allem eine Haftungsentschädigung bzw eine Geschäftsführungsvergütung gewährt werden.[52] Eine Nicht-Gewährung dieser Entschädigungen führt

---

[47] *Jabornegg/Artmann* in *Jabornegg/Artmann*, UGB² (2010), § 109 Rz 4.
[48] *Krejci* in *Krejci/Bydlinski/Dehn/Schauer*, Reformkommentar UGB (2007), § 109 Rz 27.
[49] *Schauer* in *Kalss/Nowotny/Schauer* (Hrsg), Österreichisches Gesellschaftsrecht (2008), Rz 2/228.
[50] *Freiherr von Falkenhausen/Schneider* in *Gummert/Weipert* (Hrsg), Münchener Handbuch des Gesellschaftsrechts - Band 2 (2009), § 18 Rz 2 ff.
[51] *Artmann* in *Jabornegg/Artmann*, UGB² (2010), § 121 Rz 19.
[52] *Jabornegg/Artmann* in *Jabornegg/Artmann*, UGB² (2010), § 161 Rz 53; *Eckl* in *Hesselmann/Tillmann/Mueller-Thuns* (Hrsg), Handbuch GmbH & Co. KG²⁰ (2009), § 7 Rz 203 ff, aA *Grunewald* in *Schmidt*, Münchener Kommentar zum Handelsgesetzbuch² (2008), § 168 Rz 11.

dazu, dass die Beiträge der GmbH nicht angemessen vergütet werden. In der Konstellation einer personengleichen GmbH & Co KG bedeutet dies eine Begünstigung der Kommanditisten und somit eine Qualifizierung als verdeckte Gewinnausschüttung gemäß § 82 GmbHG bei der KG![53] Sollten die Kommanditisten nicht gleichzeitig Gesellschafter der GmbH sein, befindet man sich plötzlich mitten in der Diskussion um eine Anwendung der §§ 82 f GmbHG auf die GmbH & Co KG.[54] Vor allem in Bezug auf die viel diskutierte E des OGH 2 Ob 225/07p wäre es klug, der Komplementär-GmbH jedenfalls eine angemessene Haftungsprämie zu gewähren. Steuerrechtlich wird eine Haftungsübernahme ohne Entschädigung sowohl in der einen als auch in der anderen Konstellation einem Fremdvergleich nicht standhalten und als verdeckte Gewinnausschüttung zu qualifizieren sein.[55]

Bezüglich der Höhe der Haftungsentschädigung spricht die Gewinnverteilungsregel des § 167 von einem „angemessenen Betrag" der den unbeschränkt haftenden Gesellschaftern zu gewähren ist. Dies umfasst sowohl Gesellschafter, die am Kapital beteiligt sind, als auch bloße Arbeitsgesellschafter.[56] Die Höhe der Haftungsentschädigung wird somit nicht genauer präzisiert. Die hL erkennt, dass das Risiko des Komplementärs von Fall zu Fall unterschiedlich zu beurteilen ist – und somit auch die Höhe einer angemessenen Haftungsentschädigung.[57] Bezüglich der Angemessenheit erwähnen die EB zum HaRÄG § 1193 ABGB. So soll die Haftungsentschädigung „[…] Rücksicht auf die Wichtigkeit des Geschäfts, die angewendete Mühe und den verschafften Nutzen" nehmen.

Steuerrechtlich hingegen wird in der TZ 977 der Körperschaftssteuerrichtlinien 2001 zwar auch darauf Rücksicht genommen, dass das Risiko der eingegangen Haftung nicht absolut festzulegen ist, es werden jedoch Schwellen von 6% bzw 10% des Eigenkapitals genannt, die durch die Judikatur als angemessen angesehen werden[58]. In einer jüngst ergangenen E des UFS Wien[59] argumentiert der Berufungswerber zwar mit der Berücksichtigung eines Unternehmensratings um eine Haftungsentschädigung von 1% des Stammkapitals zu rechtfertigen Dieser Berufung wurde jedoch nicht statt gegeben.

---

[53] *Duursma/Duursma-Kepplinger/Roth,* GesR, Rz 1177.
[54] *Jabornegg/Artmann* in *Jabornegg* UGB, § 161 Rz 53 ff.
[55] Vgl *Torggler*, Ertragssteuerliche Behandlung der GmbH & Co KG in *Kastner/Stoll* (Hrsg), Die GmbH & Co. KG im Handels-, Gewerbe- und Steuerrecht² (1977), 398 ff.
[56] *Krejci* in *Krejci/Bydlinski/Dehn/Schauer*, Reformkommentar UGB (2007), § 167 Rz 11; *Schörghofer* in öGesR, Rz 2/809.
[57] *Jabornegg/Artmann* in *Jabornegg/Artmann*, UGB² (2010), § 167 Rz 9ff.
[58] VwGH vom 29.07.1997, 93/14/0128.
[59] UFS Wien vom 26.05.2010, RV/0345-W/06.

Doch die Höhe der Entschädigung bedarf jedenfalls einer weiteren Präzisierung. Sowohl aus steuerlicher als auch aus unternehmensrechtlicher Sicht. Im Endeffekt soll ja eine „angemessene Verzinsung des für Haftungszwecke eingesetzten Kapitals"[60] erreicht werden. Zu viele Aspekte beeinflussen das Risiko einer Haftungsinanspruchnahme. So zB der Schuldenstand, die Langfristigkeit der Risikoübernahme oder eben das vorhandene Eigenkapital. So ist aber eine Betrachtung, die rein auf das vorhandene Eigenkapital abzielt, mE zu wenig präzise. Dies hätte zur Folge, dass bei zwei verschiedenen GmbH & Co KG, die zwar das gleiche Eigenkapital doch einen höchst unterschiedlichen Schuldenstand ausweisen, dennoch die gleiche Haftungsprämie als angemessen angesehen wird.

Somit werden bei der Höhe für eine Haftungsentschädigung in Prozent des Eigenkapitals ähnliche Überlegungen schlagend wie bei der Berechnung eines risikoadjustierten Zinssatzes in der Unternehmensbewertung.[61] Die Judikatur des VwGH gibt aber einen Rahmen vor, der die Entscheidung der Höhe der Haftungsprämie in der Praxis vereinfacht.

Nun wirft sich jedoch die Frage auf, ob diese Haftungsentschädigung auch gezahlt werden muss, wenn die KG keinen Gewinn erwirtschaftet. Auf den ersten Blick scheint dies eine banale Frage zu sein. Doch gerade wenn die KG keinen Gewinn erwirtschaftet, steigt das Risiko einer Inanspruchnahme der Haftung der GmbH. Ein Risiko, das auch keine natürlich Person eingehen würde, erhielte sie keine entsprechende Gegenleistung. Doch mE kann der GmbH nur eine Haftungsentschädigung gewährt werden, wenn auch ein Gewinn erwirtschaftet wurde. Die zu zahlende Haftungsprämie ist somit vom Gewinn zu gewähren. Vorrangig vor jeder Ausschüttung an die weiteren Gesellschafter. Ein – gesellschaftsvertraglich ja durchaus möglicher – Ausschluss des Komplementärs von der Gewinnbeteiligung erfasst nur noch den verbleibenden „Restgewinn".[62]

ME wäre es daher sinnvoll der Komplementär-GmbH eine unternehmensrechtliche Haftungsprämie zukommen zu lassen, die gleich der Haftungsprämie ist, die den steuerrechtlichen Ansprüchen entspricht.

---

[60] *Moser*, Zur Frage der Vergütung der Komplementär-GmbH in der GmbH & Co KG, SWK 33/2009, W 161 (W 164).
[61] Vgl Fachgutachten KFS/BW 1 der Kammer für Wirtschaftstreuhänder.
[62] *Reidlinger*, Gewinnermittlung und Gewinnverteilung der GmbH & Co im Handelsrecht in *Kastner/Stoll* (Hrsg), Die GmbH & Co. KG im Handels-, Gewerbe- und Steuerrecht[2] (1977), 231.

c) Der Ansatz des Gewinns/Haftungsprämie

Gemäß § 228 Abs 2 begründet die Stellung der GmbH als Komplementär der KG stets die Qualifikation als Beteiligung iSd § 228. Diese Vermutung ist unwiderlegbar und hat nur noch klarstellende Funktion.[63] Somit sind die Gewinnanteile aus einer Personengesellschaft unter „Erträge aus Beteiligungen" (§ 231 Abs 2 Z 10 bzw § 231 Abs 3 Z 9) in der GuV der GmbH auszuweisen.[64]

Von den Gewinnzuweisungen der KG an die Komplementär-GmbH sind jedenfalls die Haftungsprämie und der Aufwandersatz für die Geschäftsführung zu unterscheiden. Auf den ersten Blick sind dies keine Beteiligungsgewinne iSd der Z10 bzw Z9 leg cit. Es ist möglich, die Haftungsprämie trotzdem als Beteiligungsertrag auszuweisen. Das Gesellschaftsverhältnis ist kausal für diese Erträge. Außerdem wird die Prämie – wie oben dargelegt – vom Gewinn bezahlt.[65]

Allfällige Aufwandsentschädigungen hingegen stehen nicht in unmittelbarem Zusammenhang mit der Beteiligung. Somit sind diese Erträge unter „sonstige betriebliche Erträge" auszuweisen (§ 231 Abs 2 Z 4 lit c bzw Abs 3 Z 4 lit c).[66] Unter diesen Auffangposten fallen sämtliche Umsätze, die nicht der typischen Geschäftstätigkeit der Gesellschaft entsprechen und somit nicht als Umsatzerlöse zu qualifizieren sind.[67]

Fraglich ist nun, ob die Beteiligung auch in die Bilanz aufgenommen werden muss. Die GmbH hat ja keinen Kapitalanteil an der KG, trotzdem unterliegt sie der gesetzlichen Beteiligungsfiktion des § 228 Abs 2 und die Gewinnanteile werden als Erträge aus Beteiligungen in der GuV ausgewiesen. Nachdem jedoch für einen Bilanzansatz der Kapitalanteil entscheidend ist, beschränkt sich der Ausweis in der Bilanz auf einen Merkposten.[68] Dieser Merkposten ist ein Posten der Bilanz um das Vollständigkeitsprinzip zu erfüllen. Da die Beteiligung jedoch nicht bewertet werden kann, wird sie in

---

[63] *Nowotny* in *Straube*, Wiener Kommentar zum Unternehmensgesetzbuch - UGB[3] (2011), § 228 Rz 33; *Röhrenbacher/Eberhartinger* in *Bertl/Mandl*, Handbuch zum Rechnungslegungsgesetz[15] (2010), § 228 B.III./3.2.b. Für D *Kozikowski/Gutike* in *Ellrott/Budde*, Beck'scher Bilanz-Kommentar[7] (2010), § 271 Rz 14.
[64] *Bertl/Deutsch-Goldoni/Hirschler*, BuB, 276.
[65] Vgl *Düll* in *Sudhoff*, § 22 Rz 9.
[66] *Förschle* in *Ellrott/Budde*, Beck'scher Bilanz-Kommentar[7] (2010), § 275 Rz 179.
[67] *Bertl/Deutsch-Goldoni/Hirschler*, BuB, 274.
[68] *Nowotny* in *Straube UGB II*, § 228 Rz 24.

der Bilanz mit 1 € ausgewiesen.[69] Im Anhang sind die Angaben zur KG weiter zu präzisieren.[70]

Es liegt nun folgende Situation vor: in der GuV der Komplementär-GmbH wird ein allfälliger Gewinn bzw Haftungsentschädigung als Ertrag aus Beteiligungen ausgewiesen. In der Bilanz jedoch scheint mangels Kapitalanteil nur ein Merkposten auf.

d) Zwischenergebnis

Der Gesellschaftsvertrag der GmbH & Co KG kann vorsehen, dass die Komplementär-GmbH von jeglicher Gewinnbeteiligung ausgeschlossen wird. Die gesellschaftsrechtliche Beitragspflicht erfüllt sich in der Übernahme der unbeschränkten Haftung. Jedenfalls ist aber eine risikoadjustierte Haftungsentschädigung zu gewähren. Auch wenn diese Entschädigung als Beteiligungsertrag gebucht wird, ist ein Merkposten in der Bilanz der GmbH anzusetzen.

Unberührt von der Frage des Gewinnausschlusses bzw einer allfälligen Kapitalbeteiligung bleibt jedoch die Haftung des Komplementärs einer KG. Zur diesbezüglichen Problematik wird auf Pkt B3 verwiesen.

2.2 Mit Kapitalbeteiligung an der KG

Wenn auch in einer GmbH & Co KG eher unüblich, ist es möglich, dass die GmbH sich kapitalmäßig an der KG beteiligt.

a) Der Kapitalanteil

Prinzipiell kann sich die GmbH mit Allem an der KG beteiligen, was einen Vermögenswert darstellt.[71] Aus dem Wert der vereinbarten Einlage ergibt sich der Kapitalanteil des Gesellschafters und somit die Beteiligungshöhe. Während sich der Wert der Bareinlage aus dessen Nennwert ergibt, sind Sacheinlagen von den Gesellschaftern zu bewerten.[72] Nachdem jedoch eine GmbH & Co KG ex lege dem Dritten Buch des UGB unterliegt, ist zu beachten, dass der freien Bewertung der Einlagen bilanzrechtliche Grenzen gesetzt sind.[73]

---

[69] *Winnefeld*, Bilanz-Handbuch⁴ (2006), Kap D Rz 640.
[70] *Kozikowski/Gutike* in *BeBilKo*, § 271 Rz 14.
[71] *Schauer* in *öGesR*, Rz 2/363.
[72] *Krejci* in *RK UGB*, § 109 Rz 8 ff.
[73] *Torggler* in *Straube*, HGB² (2000), § 120 Rz 10.

Der Kapitalanteil stellt nicht den Anteil des Gesellschafters am Gesellschaftsvermögen dar und auch nicht den tatsächlichen Wert der Beteiligung. Das Gesellschaftsvermögen ist nämlich nicht die Summe der geleisteten Einlagen. Er ist vielmehr als „Rechengröße" für das Verhältnis seiner Einlage zu den Einlagen der Mitgesellschafter anzusehen.[74] Für die Höhe des Kapitalanteils ist der Wert der vereinbarten Einlage ausschlaggebend. Somit ist irrelevant, ob die Einlage bereits erbracht wurde oder (teilweise) noch ausständig ist.[75]

b) Die Beteiligung an der KG in der Bilanz der GmbH

Die Einlage der GmbH an die KG ist mit den Anschaffungskosten als Beteiligung des Finanzanlagevermögens (§ 224 Abs 2 A.III.3) zu aktivieren. Zu den AK nach § 203 Abs 2 zählen alle Ausgaben, die durch die Beschaffung des Gegenstandes entstanden sind.[76] Wichtig ist, dass die Komplementärin die Kapitaleinlage mit den AK des § 203 zu bewerten hat und nicht mit den Einlagebewertungen des § 202. Diese Vorschrift kommt nur bei dem Unternehmen wo die Einlage getätigt wird, zur Anwendung (also bei der KG) und nicht beim Einleger.[77] Da § 228 Abs 2, wie bereits erwähnt, eine Sonderregelung enthält, wonach die Stellung als unbeschränkt haftender Gesellschafter einer Personengesellschaft immer als Beteiligung zu werten ist, stellt sich die Frage nach der Qualifikation als Anlagevermögen oder Umlaufvermögen erst gar nicht.[78]

Sollte die Einlage bereits fällig und von der GmbH noch nicht vollständig erbracht worden sein, muss der Unterschied zwischen geleisteter und vereinbarter Einlage passiviert werden. Dies ist eine Verbindlichkeit gemäß § 224 Abs 3 D.7 – *Verbindlichkeit gegenüber Unternehmen, mit denen ein Beteiligungsverhältnis besteht*. Bei dieser Art von Verbindlichkeiten ist nämlich nicht der Inhalt der Verbindlichkeit relevant – sondern die Person des Gläubigers (hier die KG).[79]

Die Fälligkeit der Einlage richtet sich nach der entsprechenden Regelung im Gesellschaftsvertrag.[80] Sollte zB die Einforderung einen Gesellschaftsbeschluss verlangen, ist erst ab diesem die restliche Einlageverpflichtung als Verbindlichkeit zu bilanzieren.

---

[74] *Duursma/Duursma-Kepplinger/Roth,* GesR, Rz 374; *Schauer* in *öGesR*, Rz 2/374.
[75] *Krejci* in RK UGB, § 109 Rz 12.
[76] *Egger/Samer/Bertl,* Der Jahresabschluss nach dem Unternehmensgesetzbuch [12] (2008), 72.
[77] *Urnik/Urtz* in *Straube*, Wiener Kommentar zum Unternehmensgesetzbuch - UGB[3] (2011), § 202 Rz 5.
[78] *Nowotny* in *Straube*, Wiener Kommentar zum Unternehmensgesetzbuch - UGB[3] (2011), § 198 Rz 35. Für D *Kozikowski/Huber* in *Ellrott/Budde*, Beck'scher Bilanz-Kommentar[7] (2010), § 247 Rz 357.
[79] *Egger/Samer/Bertl,* Jahresabschluss UGB, 339.
[80] *Schauer* in *öGesR*, Rz 2/368.

Etwaige – nach § 111 Abs 1 zu leistende – Zinsen sind in der Verbindlichkeit mit zu berücksichtigen.

Fraglich ist nun, ob eine noch ausständige, aber noch nicht eingeforderte Einlage ebenfalls angesetzt werden muss. Es kommt der Ausweis als Verbindlichkeit oder als Rückstellung in Frage. Rückstellungen sind gemäß § 198 Abs 8 Z 2 zu bilden für „[…] Aufwendungen […], die am Abschlussstichtag wahrscheinlich oder sicher, aber hinsichtlich ihrer Höhe oder des Zeitpunkts ihres Eintritts unbestimmt sind". Die Höhe der noch ausständigen Einlage ist sicher, jedoch nicht der Zeitpunkt ihrer Einforderung. Verbindlichkeiten hingegen sind dem Grunde und der Höhe nach sichere Verpflichtungen.[81] ME ist die Resteinzahlungsverpflichtung trotz des Unsicherheitsfaktors der Einforderung als Verbindlichkeit anzusetzen und gegebenenfalls im Anhang zu erläutern. Der Ansatz als Aufwandsrückstellung sprengt den – mE zu Recht – eng auszulegenden[82] Anwendungsbereich des § 198 Abs 8 Z 2.

c) Die Spiegelbildmethode

Probleme bereitet die unternehmensrechtliche Behandlung der Gewinn- und Verlustzuweisung bezüglich der aktivierten AK.

An das Ertragssteuerrecht angelehnt[83] – die KG ist bezüglich der Ertragssteuer kein eigenes Steuersubjekt – wird teilweise auch unternehmensrechtlich die Anwendung der sog Spiegelbildmethode bevorzugt. Die Höhe der Beteiligung in der Bilanz der GmbH wird deckungsgleich zum Kapitalkonto des Komplementärs bei der KG ausgewiesen. Dh Gewinnzuweisungen erhöhen den Buchwert der Beteiligung, während Verlustzuweisungen den Buchwert verringern.[84] Diese Änderungen der Beteiligung sind entweder Erträge oder Aufwendungen des Finanzergebnisses der GmbH.[85] Prima vista scheint in der nachträglichen Änderung des Beteiligungsansatzes ein Verstoß gegen das Anschaffungskostenprinzip und das Realisationsprinzip vorzuliegen. Bei dieser Methode wird nicht darauf abgestellt, ob der Gesellschafter den Gewinn tatsächlich entnommen hat bzw Anspruch auf Auszahlung des Gewinns hat. Zum Bilanzstichtag der KG werden die Gewinne auf dem Kapitalkonto des Gesellschafters gutgeschrieben und in der Form von nachträglichen AK der Wert der Beteiligung erhöht. Die Spiegelbildme-

---

[81] *Bertl/Deutsch-Goldoni/Hirschler*, BuB, 262.
[82] *Nowotny* in *Straube UGB II*, § 198 Rz 155.
[83] Vgl EStR Rz 2249.
[84] *n.N.*, Bilanzielle Behandlung von Anteilen an Personengesellschaften, RWP 2011, 43 (44).
[85] *Bertl/Deutsch-Goldoni/Hirschler*, BuB, 374.

thode sieht durch die Gewinne eine zusätzliche Einlage der Gesellschafter an die Gesellschaft.[86] Ein Verlust hingegen wird im Wege einer außerplanmäßigen Abschreibung ertragswirksam gebucht. Somit wird erreicht, dass der Wert der Beteiligung an der Gesellschaft stets dem Wert des Kapitalkontos des Gesellschafters entspricht. Eine spätere Einlage oder Entnahme wird erfolgsneutral als Zugang bzw Abgang gebucht.[87]

In der Lehre wird die Spiegelbildmethode zunehmend abgelehnt. Eines der Hauptargumente dagegen ist die undifferenzierte Betrachtungsweise des Beteiligungswertes.[88] Durch die automatische Erhöhung des Anteils sieht die hL das Anschaffungskostenprinzip verletzt. Eine Erhöhung der AK ist nur durch einen Erwerbsvorgang möglich – nicht bereits automatisch durch eine Gewinnerzielung.[89] Es wird nicht differenziert, ob einer Entnahme der Gewinnanteile gesetzliche oder gesellschaftsvertragliche Hindernisse entgegenstehen. Die automatische Abschreibung bei Verlusten hingegen verletzt die Bewertungsvorschriften des § 204 Abs 2, da keine Überprüfung der Dauerhaftigkeit der Wertminderung erfolgt.

Ein Argument, das in der österr Lit nicht gegen die Spiegelbildtheorie ins Treffen geführt wird, ist, dass der Kapitalanteil nicht gleichzusetzen ist, mit dem Anteil des Gesellschafters am Gesellschaftsvermögen. Dieser ist – wie ja bereits dargelegt – nur eine Rechengröße, die die Rechte des Gesellschafters repräsentiert. Somit fehlt die Grundlage den Kapitalanteil des Gesellschafters mit der Beteiligung an der Gesellschaft gleichzusetzen.[90]

Während in D die Anwendung der Spiegelbildtheorie weitgehend abgelehnt wird,[91] gibt es in Ö – allen Unkenrufen zum Trotz – noch kein eindeutiges Bekenntnis, diese Methode nicht mehr anzuwenden.[92] ME ist eindeutig der Abkehr von der Spiegelbildmethode zu folgen. Die unternehmensrechtliche Übernahme der steuerrechtlichen Methode führt zu einer sachlich nicht gerechtfertigten Vermischung der Vermögenssphäre der Gesellschaft mit der Sphäre der Gesellschafter. Vor allem in Anbetracht der

---

[86] *Fritz-Schmied/Schwarz*, Die bilanzielle Behandlung von Anteilen an einer Personengesellschaft, SWK 19/2009, W 67 (W 69).
[87] *n.N.*, RWP 2011, 43 (43).
[88] *n.N.*, RWP 2011, 43 (45).
[89] *Jacobs*, Die Stellung der Personengesellschaft im Handels- und Steuerrecht und ihre Konsequenzen für die Bilanzierung von Beteiligungen an Personengesellschaften in *Kofler/ Jacobs Otto* (Hrsg), Rechnungswesen und Besteuerung der Personengesellschaften (1991), 18 f.
[90] *Winnefeld*, Bilanzhandbuch, Kap L Rz 826.
[91] *Düll* in *Sudhoff*, § 22 Rz 4; *IDW*, IDW RS HFA 18
[92] Vgl nur *Bertl/Deutsch-Goldoni/Hirschler*, BuB, 374; *Dillinger*, Die Bilanzierung von Beteiligungen an Personengesellschaften, BÖB 2007, 26

Tatsache, dass durch die sog *Zuflussmethode* (hierzu gleich) die Anteile an einer Personengesellschaft den Anforderungen des § 195, ein möglichst getreues Bild der Vermögens- und Ertragslage zu vermitteln, eher gerecht wird.

d) Die Zuflussmethode

Aus oben genannten Gründen wurde der Ruf immer lauter, die Anteile an einer Personengesellschaft den Anteilen an einer Kapitalgesellschaft gleich zu stellen.[93] Die sog Zuflussmethode stellt darauf ab, ab wann dem Gesellschafter ein „[…] Anspruch zusteht, über den er individuell und losgelöst von seinem Gesellschaftsanteil verfügen kann".[94] Ein Beteiligungsertrag kann beim Gesellschafter erst erfolgen, wenn der Gewinnanteil gemäß dem Realisationsprinzip verwirklicht ist. Somit also bei tatsächlichem Zufluss, oder bei einem entsprechendem Anspruch.[95] Dies hat nun aber zur Folge, dass – im Gegensatz zum Ausschüttungsbeschluss bei Kapitalgesellschaften – der Zeitpunkt unklar ist, wann der Gesellschafter frei über den Gewinnanteil verfügen kann.

Ein Anspruch auf die Ausschüttung entsteht – sofern gesellschaftsvertraglich nicht anderes vereinbart und die bedungene Einlage geleistet ist – erst mit Feststellung des JA.[96] Doch für einen Ansatz eines Beteiligungsertrags ist nicht die rechtliche Betrachtungsweise entscheidend, sondern die wirtschaftliche.[97] Dies hat zur Folge, dass es bereits mit Aufstellung des JA der KG möglich ist, dass die GmbH einen Beteiligungsertrag verbucht. In der Stellungnahme des IDW wird davon gesprochen, dass die Höhe der Forderung „[…] durch das Festliegen aller wesentlichen Bilanzierungs- und Bewertungsentscheidungen hinreichend konkretisiert [ist])".[98] MaW, dass die Feststellung des JA der KG nur mehr ein Formalakt ist. Zur Aufstellung des Abschlusses der KG sind alle geschäftsführenden Gesellschafter berufen. Somit die Komplementär-GmbH vertreten durch ihre Organe.[99] Durch Unterzeichnung des JA gemäß § 194 Satz 2 UGB (durch alle unbeschränkt haftenden Gesellschafter), ist der Beteiligungsertrag wirtschaftlich der GmbH zuzurechnen. Liegt das Ende des Wirtschaftsjahres der KG vor dem des Komplementärs, ergibt sich, dass bereits mit Bilanzstichtag der KG der

---

[93] Vgl *n.N.*, RWP 2011, 43 (45); *Ludwig*, Erfolgsrealisation und Beteiligungsansatz bei den Gesellschaftern einer GmbH & Co KG aus handelsrechtlicher Sicht, RdW 2000, 319
[94] *IDW*, IDW RS HFA 18.
[95] *Jacobs* in *FS Vodrazka*, 19.
[96] *Krejci* in *Krejci/Bydlinski/Dehn/Schauer*, Reformkommentar UGB (2007), § 122 Rz 4.
[97] *IDW*, IDW ERS HFA 18 n.F., Rz 12.
[98] *IDW*, IDW RS HFA 18, Rz 15.
[99] *Schauer* in *öGesR*, Rz 2/377.

Beteiligungsertrag bei der GmbH realisiert ist.[100] Spätestens mit der Feststellung des JA der KG (und vor dem Bilanzstichtag/Feststellung des JA der GmbH) ist der Beteiligungsertrag der GmbH zu verbuchen. Sollte die KG einer Prüfpflicht gemäß §§ 268 ff unterliegen, verschiebt sich dieser Zeitpunkt, bis die Prüfungshandlungen abgeschlossen sind. Freilich kann kein Gewinn entnommen und somit kein Beteiligungsertrag angesetzt werden, wenn gemäß § 122 Abs 1 „die Auszahlung zum offenbaren Schaden der Gesellschaft gereicht".

Nun gibt es Gegenargumente, die die Auszahlung des Gewinns von einem ausdrücklichen Verlangen des Gesellschafters abhängig machen. In D benötigt die endgültige Ausschüttung des Gewinnanteils ein solches Verlangen des Gesellschafters.[101] Trotzdem ist gemäß der Stellungnahme des IDW bereits vorher ein Beteiligungsertrag zu berücksichtigen. Auch in Ö sieht die hL ein Einfordern des Gewinnanteils als nötig an.[102] Hier ist aber mE der Ansicht *Nowotnys*[103] zu folgen, der den Auszahlungsanspruch bereits mit Beschlussfassung über den JA als gegeben ansieht.

Die soeben dargestellte gesetzliche Regelung geht von einer Ausschüttung des gesamten Gewinnanteils aus. Dem könnten gesellschaftsvertragliche Regelungen entgegenstehen, die die Ausschüttung beschränken. Dies könnte entweder eine vertragliche Regelung zur Thesaurierung von Gewinnen sein, oder ein – wie von den Kapitalgesellschaften bekannter – Ausschüttungsbeschluss. Sollte dies der Fall sein, hat der Gesellschafter keinen Anspruch über den er individuell und losgelöst von seinem Gesellschaftsanteil verfügen kann. Somit entsteht auch kein aktivierbarer Gewinnanspruch.[104] Freilich ist dann der Zeitpunkt der Beschlussfassung entscheidend, wann ein Beteiligungsertrag ausgewiesen wird.

Sollte der Gewinnanteil verwendet werden, um eine noch nicht (vollständig) bezahlte Einlage der GmbH zu erfüllen, ist auch dies als Beteiligungsertrag zu werten. Die Verwendung des Gewinns zur Erfüllung der bedungenen Einlage führt nämlich zu einem Wegfall der Verbindlichkeit gegenüber der KG. Somit ist ein Ertrag in Höhe der

---

[100] *Bertl/Hirschler*, Die Realisation von Gewinn- und Verlustanteilen aus Personengesellschaften, RWZ 2000, 191
[101] *Priester* in *Schmidt*, Münchener Kommentar zum Handelsgesetzbuch³ (2011), § 122 Rz 8.
[102] *Krejci* in *RK UGB*, § 122 Rz 6; *Torggler* in *Straube*, HGB² (2000), § 122 Rz 6.
[103] *Nowotny*, Gewinn, Entnahmen und Eigenkapital bei der GmbH & Co KG in *Arnold* (Hrsg), Die GmbH & Co KG (2011), 108.
[104] *IDW*, IDW ERS HFA 18 n.F.,

Verbindlichkeit realisiert.[105] Auf den Wert der Beteiligung in der Bilanz der GmbH hat dies keinen Einfluss.

e) Zwischenergebnis

Sollte die Komplementär-GmbH eine Kapitalbeteiligung an der KG besitzen, ist diese mit den AK in der Bilanz auszuweisen. Die darauf entfallenden Gewinnanteile sind nicht gemäß der ertragssteuerrechtlichen Spiegelbildmethode anzusetzen, sondern mittels der – an die Kapitalgesellschaften angelehnte – Zuflussmethode. Für den Zeitpunkt des Beteiligungsertrages ist die wirtschaftliche Betrachtungsweise relevant.

f) Wertänderungen der Beteiligung mit der Zuflussmethode

Selbstverständlich kann sich der Wert der angesetzten Beteiligung an der KG auch mit Verwendung der Zuflussmethode ändern. Einerseits durch nachträgliche Einlagen und andererseits durch außerplanmäßige Abschreibungen bzw Wertaufholungen.

Durch eine Nicht-Entnahme eines entnahmefähigen Gewinnanteils wird die Einlage des Gesellschafters erhöht. Die GmbH verzichtet auf die Forderung und erhöht damit die angefallenen AK auf die Beteiligung – und somit auch den Wertansatz in der Bilanz. Somit also durch einen expliziten Willensakt des Gesellschafters.[106] Buchungstechnisch stellt dieser Willensakt nachträgliche AK dar. Als nachträgliche AK sind Kosten definiert, die in kausalem Zusammenhang mit dem Erwerbsvorgang stehen.[107]

Im Gegensatz zur automatischen Erhöhung der AK des Gesellschafters durch Zuweisung des Gewinnanteils bei der Spiegelbildmethode, wird der Wertansatz der Beteiligung bei der Zuflussmethode nur erhöht, wenn der Gesellschafter aktiv auf die Gewinnentnahme verzichtet und so seine Einlage erhöht.

Ein weiterer Unterschied zur Spiegelbildmethode besteht in der Berücksichtigung von Verlusten. Diese finden im Zuge des „gemilderten Niederstwertprinzips"[108] des § 204 Abs 2 mit außerplanmäßigen Abschreibungen Niederschlag in die Bilanz. Dieses Prinzip besagt, dass dauernde Wertminderungen von Finanzanlagen berücksichtigt werden müssen, während vorübergehende Wertminderungen berücksichtigt werden

---

[105] *Fritz-Schmied/Schwarz*, SWK 19/2009, W 67 (W 69).
[106] *Jacobs* in *FS Vodrazka*, 19.
[107] *Urnik/Urtz* in *Straube*, Wiener Kommentar zum Unternehmensgesetzbuch - UGB³ (2011), § 203 Rz 52.
[108] *Janschek/Jung* in *Hirschler*, Bilanzrecht (2010), § 204 Rz 50.

können.[109] Es ist nun also zum Abschlussstichtag (der GmbH) zu prüfen, ob der aktuelle Wert unter den ausgewiesenen AK ist. Bei Finanzanlagen ist der Ertragswert der mit der Beteiligung zusammenhängt maßgeblich.[110] Der Ertragswert ist der Barwert alle zukünftigen Einnahmen.[111] Liegen Anhaltspunkte für eine Wertminderung vor, ist dieser Ertragswert nach dem Gutachten KFS/BW 1 der österr Kammer für Wirtschaftstreuhänder zu ermitteln bzw nach dem Gutachten RS HFA 10 des IDW.[112]

Wird eine Wertminderung festgestellt, gilt als nächstes zu prüfen, ob diese Wertminderung vorübergehend oder von Dauer ist. Sollte sie von Dauer sein, ist eine Abwertung zwingend erforderlich. Eine Wertminderung ist von Dauer, wenn der Stichtagswert den Buchwert über einen längeren Zeitraum voraussichtlich nicht mehr erreichen wird.[113]

Bei Finanzanlagen besteht außerdem ein Wahlrecht, eine außerplanmäßige Abschreibung vorzunehmen, wenn der Wertverlust nicht von Dauer ist. Dh es besteht die Möglichkeit abzuwerten, wenn die Wertminderung nur vorübergehend ist. Unter vorübergehend versteht man die Tatsache, dass die Anhaltspunkte für die Wertminderung mit hoher Wahrscheinlichkeit in naher Zukunft wegfallen.[114] Mit diesem Wahlrecht erhält der Unternehmer – im Rahmen der gesetzlichen Vorgaben – ein möglichst getreuen Bildes der Vermögens- und Ertragslage – die Möglichkeit, das bilanzielle Ergebnis zu beeinflussen.[115]

Somit ist die Unterscheidung, ob ein allfälliger niedriger beizulegender Wert nur vorübergehend oder von Dauer ist, ausschlaggebend, ob zwingend abzuwerten ist, oder nur optional.

Jedenfalls sind außerplanmäßige Abschreibungen auf Finanzanlagen in der GuV gesondert auszuweisen.[116]

Es gilt jedoch zu beachten, dass bei den folgenden Abschlussstichtagen wiederum zu prüfen ist, ob der nun aktuelle Buchwert höher oder niedriger ist als ein beizulegender Wert. Sollte die Beteiligung erneut zu hoch in der Bilanz ausgewiesen sein, muss das

---

[109] *Egger/Samer/Bertl,* Jahresabschluss UGB, 96.
[110] *Gassner/Lahodny-Karner/Urtz* in *Straube,* HGB² (2000), § 204 Rz 22.
[111] *Kozikowski/Roscher/Schramm* in Ellrott/Budde, Beck'scher Bilanz-Kommentar⁷ (2010), § 253 Rz 310.
[112] *IDW,* IDW ERS HFA 18 n.F., Rz 31.
[113] *Kozikowski/Roscher/Schramm* in BeBilKo, § 253 Rz 315.
[114] *Kozikowski/Roscher/Schramm* in BeBilKo, § 253 Rz 351.
[115] *Bertl/Deutsch-Goldoni/Hirschler,* BuB, 367.
[116] *Urnik/Urtz* in *Straube,* Wiener Kommentar zum Unternehmensgesetzbuch - UGB³ (2011), § 204 Rz 25.

soeben dargestellte Prüfungsschema erneut durchlaufen werden. In dem Falle, dass der Buchwert unter dem beizuliegenden Wert liegt, sind die Voraussetzungen für eine Wertaufholung gemäß § 208 zu prüfen.

Diese Voraussetzungen sind:

- eine zuvor erfolgte außerplanmäßige Abschreibung nach § 204 Abs 2
- Wegfall der Gründe für die außerplanmäßige Abschreibung

Beide Voraussetzungen müssen kumulativ erfüllt werden, um eine Wertaufholung durchzuführen zu können[117] - die Zuschreibung ist dann jedoch zwingend. Dieses Zuschreibungsgebot kann jedoch gemäß § 208 Abs 2 durchbrochen werden „[…] wenn ein niedrigerer Wertansatz bei der steuerrechtlichen Gewinnermittlung unter der Voraussetzung beibehalten werden kann, dass er auch im Jahresabschluss beibehalten wird."

Eine Aufwertung könnte somit dann unterbleiben, wenn die unternehmensrechtliche Zuschreibung steuerrechtliche Auswirkungen hat und die weiteren Voraussetzungen des § 6 Z 13 EStG erfüllt sind. Da jedoch expressis verbis Beteiligungen iSd § 228 Abs 1 auch steuerrechtlich immer auf den höheren Teilwert aufzuwerten sind, findet die Ausnahmeregelung des § 208 Abs 2 auf die Beteiligung einer Komplementär-GmbH an der KG keine Anwendung.[118] MaW: die Beteiligung im Anlagevermögen ist immer aufzuwerten – freilich unter den weiteren Voraussetzungen – da auch steuerrechtlich kein Aufwertungswahlrecht besteht.

Somit müssen neben einer vorangegangenen Abwertung nach § 204 Abs 2 die Gründe für die außerplanmäßige Abwertung weggefallen sein. Gleich wie § 253 dHGB spricht auch die österr Regelung von „den Gründen", die weggefallen sein müssen. Deshalb stellt sich nun die Frage, ob alle Gründe weggefallen sein müssen, um eine Zuschreibungspflicht auszulösen, oder ob der Wegfall eines/einiger Grundes/Gründe reicht um eine dadurch ausgelöste Wertsteigerung zu berücksichtigen. Obwohl der Wortlaut des Gesetzes für eine Identität der Gründe spricht, dh dass alle Gründe weggefallen sein müssen, um eine allfällige Wertsteigerung zu berücksichtigen, wird überwiegend

---

[117] *Winkeljohann/Taetzner* in *Ellrott/Budde*, Beck'scher Bilanz-Kommentar[7] (2010), § 253 Rz 634.
[118] *Wiesner/Grabner/Wanke*, MSA EStG 11. EL, § 6 Rz 105.

angenommen, dass eine Wertsteigerung durch den Wegfall eines/einiger Grundes/Gründe ausreicht, die dadurch ausgelöste Wertsteigerung zu berücksichtigen.[119]

Die Wertaufholung darf jedenfalls höchstens bis zu den ursprünglichen AK vorgenommen werden.[120] Die Zuschreibung darf also nicht höher sein als sämtliche historischen außerplanmäßigen Abschreibungen. Es muss jedoch nicht der komplette abgeschriebene Betrag durch die Wertaufholung rückgängig gemacht werden – auch eine teilweise Wertaufholung ist möglich.[121]

In der GuV wird die Wertaufholung als „Ertrag aus der Zuschreibung zu Finanzanlagen" (§ 231 Abs 2 Z 13 bzw § 231 Abs 3 Z 12) berücksichtigt. Des Weiteren ist auch die Ausschüttungssperre für Zuschreibungserträge des § 235 Z 1 zu beachten. Dh der Ertrag, der durch die Zuschreibung entstanden ist, darf den ausschüttbaren Gewinn nicht vermehren. Diese Regelung dient dem Gläubigerschutz, um Zuschreibungen, die in erster Linie „ausschüttungsmotiviert" sind, zu verhindern.[122]

3 Die Berücksichtigung der Verbindlichkeiten der KG im Jahresabschluss der GmbH

Die GmbH in der Rolle eines Komplementärs haftet wie bereits erwähnt unmittelbar, primär und unbeschränkt.[123] Dh, dass die Gläubiger der KG direkt auf die GmbH greifen können. Diese Tatsache wirft das Problem auf, wie die Verbindlichkeiten der KG im JA der GmbH berücksichtigt werden (müssen).

3.1 Die Haftung des Komplementärs einer KG

Die KG besteht gemäß § 161 Abs 1 aus mindestens einem beschränkt haftenden Kommanditisten und einem unbeschränkt haftenden Komplementär. Die Haftungsregelung des Komplementärs entspricht denen der Gesellschafter einer OG – somit insbesondere der Generalnorm des § 128.[124]

Dieses Haftungsregime hat zur Folge, dass die Komplementär-GmbH nach folgenden Haftungsgrundsätzen haftet:

---

[119] *Gassner/Lahodny-Karner/Urtz* in *Straube*, HGB² (2000), § 208 Rz 7a. Für D *Winkeljohann/Taetzner* in *BeBilKo*, § 253 Rz 637 f; aA *Urnik/Urtz* in *Straube*, Wiener Kommentar zum Unternehmensgesetzbuch - UGB³ (2011), § 208 Rz 7.
[120] *Bertl/Deutsch-Goldoni/Hirschler*, BuB, 115.
[121] *Winkeljohann/Taetzner* in *BeBilKo*, § 253 Rz 639.
[122] *Bergmann* in *Straube*, Wiener Kommentar zum Unternehmensgesetzbuch - UGB³ (2011), § 235 Rz 3.
[123] *Ihrig* in *Sudhoff*, § 41 Rz 3.
[124] *Koppensteiner/Auer* in *Straube UGB I*, § 161 Rz 10.

persönlich: der Komplementär haftet mit seinem gesamten Vermögen. Wie bereits dargestellt haftet die GmbH mit ihrem gesamten Gesellschaftsvermögen – eine sonst mit der Komplementärstellung verbundene persönliche Haftung einer natürlichen Person wird durch die Zwischenschaltung einer GmbH beschränkt.

unbeschränkt: die Höhe der Inanspruchnahme durch einen Gläubiger ist betragsmäßig nicht beschränkt und umfasst auch zB Verzugszinsen, Schadenersatz aus Vertragsverletzung und Pönalzahlungen.[125]

unbeschränkbar: die Haftung des Komplementärs ist nicht beschränkbar – eine abweichende Vereinbarung im Gesellschaftsvertrag ist Dritten gegenüber unwirksam (§ 128 Satz 2). Es können jedoch gesellschaftsintern Haftungsfreistellungsregelungen getroffen werden. Eine individuelle Haftungsfreistellung durch eine Abrede mit dem Gläubiger ist hingegen jedoch möglich.[126]

primär: der Komplementär kann den Befriedigung suchenden Gläubiger nicht auf das Gesellschaftsvermögen verweisen.[127]

unmittelbar: die Gläubiger können direkt auf das Vermögen des Komplementärs greifen, dh, dass sich die Haftung nicht auf eine Nachschusspflicht oder Ähnlichem erschöpft.[128]

solidarisch: jeder Gesellschafter haftet dem Gläubiger gegenüber für die gesamte Leistung, da die Gesellschafter untereinander im Verhältnis von Gesamtschuldnern iSd §§ 891 ff ABGB stehen. Bei der GmbH & Co KG ieS ist dieses Prinzip im Normalfall irrelevant, da ja die GmbH der einzige Komplementär ist.

akzessorisch: der Komplementär kann sich auf sämtliche Einwendungen berufen, die der Gesellschaft gegenüber dem Gläubiger zustehen. Dh die „Haftung folgt den Bewegungen der Gesellschaftsschuld".[129]

Die Haftung des Komplementärs umfasst alle Verbindlichkeiten der Gesellschaft. Also sowohl privatrechtliche Verbindlichkeiten (dies sind etwa auch deliktische Verbindlich-

---

[125] *Schauer* in *öGesR*, Rz 2/508.
[126] *Hopt* in *Baumbach/Hopt/Merkt*, Handelsgesetzbuch[34] (2010), § 128 Rz 37 f.
[127] *Schmidt* in *Schmidt*, Münchener Kommentar zum Handelsgesetzbuch[3] (2011), § 128 Rz 20.
[128] *Ihrig* in *Sudhoff*, § 41 Rz 3.
[129] *Schmidt* in *MüKo*, § 128 Rz 16.

keiten oder zB Verbindlichkeiten aus culpa in contrahendo) als grundsätzlich auch öffentlich-rechtliche Verbindlichkeiten.[130]

Nach wie vor heftig umstritten ist die Frage nach dem Inhalt der Haftung eines persönlich haftenden Gesellschafters. Es stehen sich die sog Haftungstheorie und die Erfüllungstheorie gegenüber. Bei Ersterer haftet der Gesellschafter auf Schadenersatz in Geld, bei Letzterer auf den Inhalt der Verbindlichkeit.[131] So lange es sich um eine Geldschuld handelt ist dies jedoch irrelevant.[132]

Die soeben geschilderten Haftungsgrundsätze veranschaulichen, welche Auswirkungen Verbindlichkeiten der KG auf das Gesellschaftsvermögen der Komplementär-GmbH haben. Somit kann die GmbH in der Rolle des Komplementärs doch erheblich mit Verbindlichkeiten, die die KG begründet hat, belastet werden. Da jedoch § 195 normiert, dass der JA ein „möglichst getreues Bild der Vermögens- und Ertragslage zu vermitteln [hat]" müssen Verhältnisse, die in das Vermögen der GmbH greifen, in irgendeiner Weise im JA der GmbH berücksichtigt werden.

3.2 Identität der Verbindlichkeiten?

Sind nun sämtliche Verbindlichkeiten der KG automatisch auch Verbindlichkeiten der Komplementär-GmbH und Folge dessen als solche in deren Bilanz aufzunehmen?

Verbindlichkeiten sind „[…] dem Grunde und der Höhe nach sichere Verpflichtungen".[133] Ist nun die Tatsache, dass Gläubiger auch auf die Komplementär-GmbH greifen könnten, ausreichend um jede Verbindlichkeit automatisch auch als eine Verbindlichkeit der GmbH zu bilanzieren? ME wohl kaum. Die GmbH hat (für gewöhnlich) keinen eigenen Geschäftsbetrieb und tritt somit auch nicht gegenüber Dritten auf – sie ist also auch nicht diejenige, die eine Verbindlichkeit begründet. Der Gläubiger wird sich im Normalfall für eine Tilgung der Verbindlichkeit zuerst an seinen Vertragspartner (die KG) halten. Bei fristgerechter Zahlung besteht überhaupt kein Anlass, zur Durchsetzung der Ansprüche die Haftung nach § 128 zu bemühen. Sollte ein Gläubiger der KG jedoch aufgrund der primären Haftung zur Zahlung direkt auf die GmbH greifen, muss diese an den Gläubiger leisten. Dies berechtigt die GmbH jedoch eine Forderung nach § 110 zu

---

[130] *Schauer* in *öGesR*, Rz 2/488 f.
[131] *Schmidt* in *MüKo*, § 128 Rz 24.
[132] *Koppensteiner/Auer* in *Straube*, Wiener Kommentar zum Unternehmensgesetzbuch - UGB⁴ (2009), § 128 Rz 11.
[133] *Bertl/Deutsch-Goldoni/Hirschler,* BuB, 262.

aktivieren.[134] Bei einer liquiden KG steht die Einbringlichkeit dieser Forderung außer Frage. Somit wäre ein gleichzeitiger Ansatz jeder Verbindlichkeit der KG als Verbindlichkeit der GmbH überflüssig und dient keineswegs der Vermittlung eines getreuen Bildes der Vermögens- und Ertragslage.

3.3 Ausweis als Rückstellung

Nun stellt sich die Frage, ob die Verbindlichkeiten der KG in der GmbH als Rückstellung auszuweisen sind, wenn ein Ansatz als Verbindlichkeit nicht in Frage kommt. „Rückstellungen sind zu bilden für ungewisse Verbindlichkeiten und für drohende Verluste aus schwebenden Geschäften, die am Abschlussstichtag zumindest wahrscheinlich und ihrer Höhe nach unbestimmt sind."[135] Doch auch für eine Bildung von Rückstellungen in Höhe der Verbindlichkeiten der KG ist nicht angebracht. „Rückstellungen für ungewisse Schulden und drohende Verluste aus schwebenden Geschäften sollen die gegenüber Dritten wahrscheinlich bestehenden Verbindlichkeiten vollständig ausweisen."[136] Doch die Wahrscheinlichkeit einer Inanspruchnahme der Haftung des Komplementärs bei einer KG, die fristgerecht ihre Verbindlichkeiten begleicht, ist unwahrscheinlich. Somit würde eine Rückstellungsbildung für sämtliche Verbindlichkeiten der KG das bilanzielle Vorsichtsprinzip überstrapazieren und definitiv gegen die GoB verstoßen.

3.4 Ausweis als Haftungsverhältnis gemäß § 199?

Eine mögliche Variante eine etwaige Haftung der Komplementär-GmbH im JA zu berücksichtigen, wäre der Ausweis als Haftungsverhältnis gemäß § 199. Diese Bestimmung normiert, dass unter der Bilanz jene Verpflichtungen auszuweisen sind, die nicht als Rückstellung oder Verbindlichkeit passiviert werden müssen, aber durch vertragliche Haftungsverhältnisse bestehen.[137] So lange nämlich eine Inanspruchnahme der Haftung nicht absehbar ist, sind die Verbindlichkeiten der KG bei der GmbH nur sog „Eventualverbindlichkeiten".[138] Ein Ausweis nach § 199 ist dann durchzuführen, wenn eine Inanspruchnahme der Haftung erfolgen kann, die vertraglich begründet wurde. Die interessante Frage ist nun, ob durch Abschluss des Gesellschaftsvertrages – der die Komplementärstellung begründet – die Haftung eine vertragliche ist. Dies ist aber zu

---

[134] *Torggler/Torggler* in *Straube*, HGB² (2000), § 110 Rz 3.
[135] *Bertl/Deutsch-Goldoni/Hirschler*, BuB, 260.
[136] *Nowotny* in *Straube UGB II*, § 198 Rz 122.
[137] *Konezny* in *Hirschler*, Bilanzrecht (2010), § 199 Rz 6.
[138] *Schlitt*, Die GmbH & Co. KG in der Insolvenz nach neuem Recht (1. Teil), NZG 1998, 701 (705).

verneinen.[139] Zwar wird mit Abschluss des Gesellschaftsvertrages eine persönliche Haftung begründet, dies ist aber nur ein Tatbestandsmerkmal des Gesellschaftsverhältnisses.[140] Auch *Egger/Samer/Bertl*[141] stellen die Frage, ob nicht durch Abschluss des Gesellschaftsvertrages eine vertragliche Haftung iSd § 199 besteht – lassen sie jedoch unbeantwortet.

Doch muss mE auch geprüft werden, ob es im Sinne der Informationsfunktion des JA nicht besser wäre, § 199 (entspricht § 251 dHGB) teleologisch auszulegen und doch die Haftung als persönlich haftender Gesellschafter „unter der Bilanz" anzuführen. Der Zweck des Ausweises ist „die Adressaten des JA auf Risiken hinzuweisen, die auf Grund bestehender Haftungsverhältnisse auf das Unternehmen zukommen können und die aus der Bilanz selbst nicht ersichtlich sind."[142]

Da § 237 Z 8 auch finanzielle Verpflichtungen berücksichtigt, die nicht nach § 199 anzugeben sind, müssen nicht alle bestehenden Haftungsverhältnisse ausgewiesen werden.[143] Ein Ausweis nach § 199 soll sich auf „rechtlich mögliche, aber wirtschaftlich noch nicht konkretisierte Belastungen beziehen, deren rechtliche Grundlage aber bereits zum Bilanzstichtag gelegt ist".[144] Des Weiteren werden Bürgschaften als ausweispflichtig explizit genannt. Eine Bürgschaft hat zum Zweck „einen Gläubiger zu befriedigen, wenn der Schuldner nicht zahlt."[145] Nun ist jedoch der Bürgschaftsvertrag gerade der Haftungsübernahme wegen abgeschlossen worden. Dem gegenüber ist die unbeschränkte Haftung des Komplementärs eine gesetzliche Nebenfolge des Gesellschaftsvertrages.[146] Die hL sieht eine Haftung nach § 128 als nicht ausweispflichtig iSd § 199.[147] *Adler/Düring/Schmaltz*[148] argumentieren dies so, dass mit der Haftung aufgrund gesetzlicher Bestimmungen allgemein gerechnet werden muss.[149] Des Weiteren sehen

---

[139] *Schmidt* in *MüKo*, § 128 Rz 2.
[140] *Krejci* in *Krejci/Bydlinski/Dehn/Schauer*, Reformkommentar UGB (2007), § 105 Rz 37 ff.
[141] *Egger/Samer/Bertl*, Jahresabschluss UGB, 350.
[142] *Adler/Düring/Schmaltz*, Rechnungslegung und Prüfung der Unternehmen [6] (1996), § 251 HGB Rz 2.
[143] *Wiedmann* in *Ebenroth/Joost/Strohn*, Handelsgesetzbuch[2] (2008), § 251 Rz 1.
[144] *Adler/Düring/Schmaltz*, ADS, § 251 HGB Rz 5.
[145] *Konezny* in *Bilanzrecht*, § 199 Rz 15.
[146] *Hirschler*, Die Bilanzierung der Solidarhaftung bei Spaltung einer Kapitalgesellschaft, RWZ 1996, 97 (98).
[147] So zB *Adler/Düring/Schmaltz*, ADS, § 251 Rz 10 f; *Konezny* in *Bilanzrecht*, § 199 Rz 19.; *Hirschler*, RWZ 1996, 97 (98 f); *Bertl/Deutsch-Goldoni/Hirschler*, BuB, 266 f. Wohl auch *Merkt* in *Baumbach/Hopt/Merkt*, Handelsgesetzbuch[34] (2010), § 251 Rz 2.
[148] aaO
[149] So auch *Ellrott* in *Ellrott/Budde*, Beck'scher Bilanz-Kommentar[7] (2010), § 251 Rz 5.

sie ein Problem in der Bezifferung des Haftungsumfangs. Auch *Hirschler*[150] plädiert für eine enge Auslegung des § 199.

Dem gegenüber argumentiert *Fey*[151] damit, dass es bei wirtschaftlicher Betrachtungsweise sehr wohl um Verträge handelt, die „zwangsläufig zu Gewährleistungsrisiken führen". Ebenso sieht auch *Winnefeld*[152] die Haftung, die sich aus dem Gesellschaftsvertrag ergibt als ausweisfähiges Haftungsverhältnis unter der Bilanz.

ME ist vor allem im Hinblick auf die Informationswirkung des JA nicht allzu streng am Wortlaut der vertraglichen Haftungsverhältnissen festzuhalten. Gerade in der Offenlegung eines bestehenden Haftungsverhältnis erfüllt der JA den Anspruch eines möglichst getreues Bild der Vermögens- und Ertragslage des Unternehmens. Auch das Argument, dass betriebs- oder branchenübliche Haftungen nicht anzugeben sind, lässt sich nicht ohne weiteres auf die Komplementärstellung der GmbH anwenden. Die Haftung einer GmbH als Komplementär ist der GmbH & Co KG eigen – ist gerade dies das prägende Element dieser Gesellschaftsform. Somit ist diese Haftung mE nicht auf die gleiche Stufe zu stellen wie Haftung aus Kfz-Haltung oÄ.[153] Es ist weder branchenüblich noch muss allgemein damit gerechnet werden, dass eine GmbH als persönlich haftender Gesellschafter einer KG auftritt. Schon allein aus diesem Grunde wäre ein Ausweis als Haftungsverhältnis nach § 199 denkbar. Auch *Nowotny*[154] deutet an, dass ein Ausweis denkbar scheint.

Auch das Argument, dass die Höhe der Haftung nicht beziffert werden kann, kann widerlegt werden. Ein möglicher Ansatz wäre die Angabe der Effektivverschuldung der KG nach der Berechnungsmethode des § 24 URG. Diese setzt sich zusammen aus „in der Bilanz ausgewiesenen Rückstellungen (§ 224 Abs. 3 C UGB) und Verbindlichkeiten (§ 224 Abs. 3 D UGB), vermindert um die im Unternehmen verfügbaren Aktiva nach § 224 Abs. 2 B III Z 2 und B IV UGB und die nach § 225 Abs. 6 UGB von den Vorräten absetzbaren Anzahlungen." MaW ist die Effektivverschuldung die Gesamtsumme der Schulden abzüglich der liquiden Mittel.[155] Somit erhält man auf schnelle Art und Weise einen groben Überblick, wie hoch eine etwaige Inanspruchnahme der Haftung ungefähr sein könnte. Selbstverständlich ist auch diese Bilanzkennzahl mit der gehöri-

---

[150] aaO
[151] *Fey*, Grundsätze ordnungsmäßiger Bilanzierung für Haftungsverhältnisse (1989), 77 f.
[152] *Winnefeld*, Bilanzhandbuch, Kap D Rz 2121.
[153] *Ellrott* in *BeBilKo*, § 251 Rz 5.
[154] *Nowotny* in *Straube*, Wiener Kommentar zum Unternehmensgesetzbuch - UGB³ (2011), § 199 Rz 11.
[155] *Barborka/Rab*, Das Gutachten gemäß § 26 URG, RdW 2000, 59 (59).

gen Vorsicht zu genießen und unterliegt allen – der Bilanzkennzahlenanalyse eigenen – Vorbehalten.[156]

Eine Folge der Anerkennung einer Ausweispflicht der persönlichen Haftung als Haftungsverhältnis nach § 199 würde der Informationsfunktion des JA in mehrerlei Hinsicht gerecht: Dem UGB ist eine Angabe wie § 285 Nr 11a dHGB fremd. Diese Regelung normiert, dass alle Unternehmen anzugeben sind, bei denen die Komplementärgesellschaft unbeschränkt haftender Gesellschafter ist. Der Sinn dieser Regelung ist, dass aufgezeigt werden soll „wie oft die Haftungsmasse der Komplementärgesellschaft von Unternehmen in Anspruch genommen wird."[157] Dh ein Ausweis unter der Bilanz würde bewirken, dass bereits unter der Bilanz klar ersichtlich ist, in welcher Höhe die Haftungsmasse des Komplementärs in Anspruch genommen werden könnte.

Ein weiterer Effekt wäre, dass alle nach § 189 rechnungslegungspflichtigen Unternehmer eine etwaige Haftung als persönlich haftender Gesellschafter auszuweisen haben. Dh auch eine rechnungslegungspflichtige OG, die persönlich haftender Gesellschafter ist, müsste dies ausweisen. Für Personengesellschaften gelten die – für eine Komplementär-GmbH selbstverständlich geltenden – erweiterten Angaben der Kapitalgesellschaften nicht.[158] Demgemäß sind sie zu einer Erstellung eines Anhangs nicht verpflichtet.

Somit wäre es konsistent, dass die Stellung als persönlich haftender Gesellschafter als Haftungsverhältnis nach § 199 auszuweisen ist. Kapitalgesellschaften und ihnen gleichgestellte Personengesellschaften haben dieses dann im Anhang weiter zu erläutern. Für den JA einer Personengesellschaft reicht die Angabe unter der Bilanz.

3.5 Ausweis im Anhang des JA

Wie bereits dargelegt, ist es mE sinnvoll und systemkonsistent, die Stellung als persönlich haftender Gesellschafter als Haftungsverhältnis gemäß § 199 auszuweisen. Für Kapitalgesellschaften ist ein solches Verhältnis im Anhang des JA weiter zu erläutern.

Nachdem die hL einen Ausweis nach § 199 ablehnt, würden sie die Komplementärstellung unter § 237 Z 8 (bzw § 285 N 3a dHGB)[159] ausweisen. Dies ist "der Gesamtbetrag

---

[156] *Bertl/Deutsch-Goldoni/Hirschler*, BuB, 575 f.
[157] *Kusterer/Kirnberger/Fleischmann*, Der Jahresabschluss der GmbH & Co. KG nach dem Kapitalgesellschaften- und Co-Richtlinie-Gesetz, DStR 2000, 606 (612).
[158] *Schauer* in *öGesR*, Rz 2/377.
[159] *Ellrott* in *Ellrott/Budde*, Beck'scher Bilanz-Kommentar[7] (2010), § 285 Rz 44.

der sonstigen finanziellen Verpflichtungen, die nicht in der Bilanz ausgewiesen und auch nicht gemäß § 199 anzugeben sind, sofern diese Angabe für die Beurteilung der Finanzlage wesentlich ist [...]". Dies ist ein Auffangtatbestand, da ja eine Passivierung der Verbindlichkeiten der KG (noch) nicht in Frage kommt.[160]

Nowotny[161] spricht sich sogar dafür aus, dass es bei einer gesellschaftsrechtlich begründeten Mithaftung ausreicht, nur anzugeben, dass solch eine Haftung bestehe, nicht aber die – seines Erachtens – schwer feststellbare Höhe derselben. Dies ist mE wiederum jedoch ungenügend für eine Beurteilung der Finanzlage.

In der soeben vorgestellten Konstellation der hL ist mE bedenklich, dass kleine GmbHs nach § 221 Abs 1 (wohl die meisten Komplementär-GmbHs) gemäß § 242 Abs 2 die Angaben nach § 237 Z 8 nicht in ihren Anhang aufnehmen müssen.[162] Ein weiteres Argument also, diese spezielle Form der Haftung als Haftungsverhältnis nach § 199 zu werten.

Wie erwähnt ist auch ein Haftungsverhältnis nach § 199 im Anhang näher zu erläutern (§ 237 Z 3). Dies gilt nach § 242 Abs 2 auch für kleine GmbH.

3.6 Die Bildung von Rückstellungen für Verbindlichkeiten der KG

Der soeben vorgestellte Ausweis als Eventualverbindlichkeit ist so lange zulässig, als eine Inanspruchnahme der Haftung unwahrscheinlich ist.[163] Sollte eine Haftungsinanspruchnahme der Komplementär-GmbH nach § 128 hinreichend konkretisiert sein, ist eine Rückstellung nach § 198 Abs 8 Z 1 zu bilden.[164] Die Rückstellung ist verpflichtend zu bilden.[165] Folge dessen ist die Abgrenzung, ab wann dieses Risiko hinreichend konkretisiert ist, problembehaftet.

a) Die allgemeine Prüfung nach Rückstellungsbedarf

Die Rückstellung soll ein gewisses Polster für eine spätere Inanspruchnahme der Haftung bilden. Sie ist zu bilden, wenn „[...] am Abschlussstichtag erkennbar ist, [...] dass mit der Inanspruchnahme für Verpflichtungen zu rechnen ist."[166] Wenn ein Anspruch gegenüber der GmbH bereits geltend gemacht wurde, ist diese hingegen als

---

[160] *Ellrott* in *BeBilKo*, § 285 Rz 43.
[161] *Nowotny* in *Straube*, HGB² (2000), § 237 Rz 39a.
[162] *Egger/Samer/Bertl*, Jahresabschluss UGB, 351.
[163] *Schlitt*, NZG 1998, 701 (705).
[164] *IDW*, IDW RS HFA 18, Rz 36.
[165] *Hottmann*, Rückstellungen in Beck'sches Steuer- und Bilanzrechtslexikon (2011), Rz 5.
[166] *Bertl/Deutsch-Goldoni/Hirschler*, BuB, 477.

Verbindlichkeit zu passivieren und eine Forderung nach § 110 zu aktivieren.[167] Die Inanspruchnahme darf also nicht nur entfernt drohen, sondern muss wahrscheinlich sein.[168] Dass der Zeitpunkt der Inanspruchnahme noch ungewiss ist, ist unerheblich.[169] Sobald also wahrscheinlich ist, dass eine Inanspruchnahme der Haftung droht, ist bei der GmbH eine Rückstellung für das Haftungsrisiko zu bilden. Im Nachfolgenden werden einige Zeitpunkte, die eine Konkretisierung des Haftungsrisikos nahe legen, besprochen.

b) Zahlungsunfähigkeit und Überschuldung

Die Stellungnahme des *IDW*[170] findet das Risiko einer Inanspruchnahme insbesondere dann hinreichend konkretisiert, wenn die KG insolvenzrechtlich überschuldet ist und den Antragspflichten des § 15a Abs 1 dInsO (entspricht § 69 IO) unterliegt. Freilich ist auch – obwohl in der Stellungnahme nicht ausdrücklich erwähnt – der Insolvenzgrund der Zahlungsunfähigkeit ausreichend, um eine Haftungsinanspruchnahme hinreichend zu konkretisieren. Ein Antrag nach § 69 IO muss von allen persönlich haftenden Gesellschaftern eingebracht werden (§ 69 Abs 3 IO). Ist die Komplementär-GmbH die einzige Komplementärin dann also von dem/den Geschäftsführer/n, bei mehreren GmbH als Komplementäre von allen Geschäftsführern.[171]

Vorweg gilt es streng zu unterscheiden zwischen einer Insolvenzantragspflicht für die KG und der Antragspflicht für die GmbH. Auch wenn eine Insolvenz der KG häufig eine Insolvenz der Komplementär-GmbH nach sich zieht (bedingt durch die Haftung nach § 128), bedarf es für beide Rechtsträger einer gesonderten Prüfung und gesonderte Insolvenzanträge.[172]

Zahlungsunfähigkeit nach § 66 IO liegt vor, „wenn der Schuldner mangels bereiter Zahlungsmittel nicht in der Lage ist, (alle) seine fälligen Schulden zu bezahlen, und sich die erforderlichen Zahlungsmittel voraussichtlich auch nicht alsbald verschaffen kann".[173] Die Zahlungsfähigkeit der Komplementär-GmbH bleibt bei der Beurteilung

---

[167] *IDW*, IDW RS HFA 18, Rz 36.
[168] *Winnefeld*, Bilanzhandbuch, Kap D Rz 1000.
[169] *Kozikowski/Schubert* in *Ellrott/Budde*, Beck'scher Bilanz-Kommentar[7] (2010), § 249 Rz 43.
[170] *IDW*, IDW ERS HFA 18 n.F.
[171] *Dellinger* in *Konecny/Schubert*, Insolvenzgesetze (2010), KO § 69 Rz 34.
[172] *Salger* in *Sudhoff* (Hrsg), GmbH & Co. KG[6] (2005), § 48 Rz 6.
[173] OGH vom 11. November 1986, 2 Ob 532/86. Durch Einführung der IO durch das IRÄG 2010 (BGBl I 2010/29) hat sich an der Definition der Insolvenzgründe im Vergleich zur KO nichts geändert.

der Zahlungsfähigkeit der KG außer Betracht. Dies deshalb, da die Liquidität der GmbH nicht zu den verfügbaren Mitteln der KG zählt.[174]

Neben dem allgemeinen Insolvenzgrund der Zahlungsunfähigkeit findet nach § 67 Abs 1 IO der Insolvenzgrund der Überschuldung auch auf die GmbH & Co KG ieS Anwendung. Da das Gesetz keine Definition der Überschuldung enthält, war hier va die Rechtsprechung gefordert, die dahingehenden Kriterien auszuarbeiten. Die Überschuldung besteht aus zwei Elementen: einem negativen Überschuldungsstatus sowie einer negativen Fortbestehensprognose. Der Ablauf der Prüfungsreihenfolge ist nicht vorgegeben und kann vom Unternehmer selbst bestimmt werden.[175] Bei der Bewertung des Vermögens bleibt die Haftung des Komplementärs nach § 128 iVm § 161 außer Ansatz.[176]

- Die Fortbestehensprognose: hier wird geprüft, ob es wahrscheinlich ist, dass das Unternehmen zukünftig zahlungsfähig ist und ob eine positive Unternehmensentwicklung erwartet werden kann.[177]
- Der Überschuldungsstatus: Überwiegen der Passiva über die Aktiva zu Liquidationswerten.[178]

Sollten nun beide Prüfungsschritte negativ ausfallen, gilt die KG insolvenzrechtlich als überschuldet. Somit sind nach § 69 Abs 3 IO die persönlich haftenden Gesellschafter einer eingetragenen Personengesellschaft – die Komplementär-GmbH vertreten durch ihre(n) Geschäftsführer – ohne schuldhaftes Zögern verpflichtet den Insolvenzantrag zu stellen.

c) Drohende Zahlungsunfähigkeit

Nun ist die Komplementär-GmbH stets verhalten Rückstellungen zu bilden, sobald die KG zahlungsunfähig und/oder überschuldet ist. Ist dies jedoch auch nötig, wenn bei der KG nur drohende Zahlungsunfähigkeit vorliegt?

Nach § 167 Abs 2 IO ist es dem Schuldner möglich, einen Sanierungsplanantrag auch bereits dann zu stellen, wenn Zahlungsunfähigkeit nur droht. Dies ist ein Wahlrecht und

---

[174] *Lüke* in *Hesselmann/Tillmann/Mueller-Thuns* (Hrsg), Handbuch GmbH & Co. KG[20] (2009), § 10 Rz 112.
[175] *Oberguggenberger/Schumacher*, Überschuldungsprüfung: Die "überwiegende Wahrscheinlichkeit" in der Fortbestehensprognose, RdW 2008, 187.
[176] *Uhlenbruck*, Die GmbH & Co KG in Krise, Konkurs und Vergleich [2] (1988), 316.
[177] OGH vom 03.12.1986, 1 Ob 655/86.
[178] OGH vom 03.12.1986, 1 Ob 655/86.

keine Pflicht wie in § 69 IO.[179] Drohende Zahlungsunfähigkeit bedeutet, dass der Schuldner voraussichtlich nicht in der Lage sein wird, seine Zahlungspflichten im Zeitpunkt der Fälligkeit zu erfüllen.[180] Dh, sollte der Schuldner erkennen, dass Zahlungsunfähigkeit droht und legt er – gemeinsam mit dem Sanierungsverfahrensantrag – einen Sanierungsplan vor, wird ein Sanierungsverfahren eingeleitet.[181] Reicht der Zeitpunkt des Erkennens einer drohenden Überschuldung bereits aus, die mögliche Inanspruchnahme der Haftung als hinreichend konkretisiert zu sehen um eine Rückstellung bilden zu müssen?

Der Entwurf der Stellungnahme des IDW[182] sieht ein konkretes Haftungsrisiko dann gegeben, wenn „die Struktur des Gesellschaftsvermögens eine kurzfristige Verwertung nicht ermöglicht". Hier gilt es mE zu differenzieren: liegt drohende Zahlungsunfähigkeit vor und wurde noch kein Sanierungsplanantrag eingereicht, muss – wie in der Stellungnahme ausgeführt – nach allgemeinen Kriterien geprüft werden, ob eine Inanspruchnahme der Haftung wahrscheinlich ist und ob Folge dessen eine Rückstellung gebildet werden muss. In dieser Zeit haben die Gesellschafter noch die Möglichkeit durch Leistungen an die Gesellschaft bzw direkt an die Gesellschaftsgläubiger die Zahlungsunfähigkeit abzuwenden. Zu beachten sind in solch einem Falle jedenfalls die Auswirkungen auf die Anschaffungskosten einer allfälligen Beteiligung bzw eine Aktivierung des Aufwandsersatzes nach § 110.[183]

Da nach § 69 Abs 1 IO auf Antrag eines Schuldners das Insolvenzverfahren sofort zu eröffnen ist und somit keine weiteren Prüfungsschritte zwischen Antragsstellung und Verfahrenseröffnung stehen,[184] stellt sich die Frage, ob auch ein Sanierungsplanantrag zu einer Rückstellungsbildung verpflichtet. Bei einem Sanierungsverfahren ist daher von der Bildung einer Rückstellung abzusehen.

Der Hauptgedanke hinter der IO ist die Erleichterung einer Sanierung und ein möglichst früher Insolvenzantrag.[185] Dem entsprechend räumt das Sanierungsplanverfahren viele Hürden aus dem Weg, die die zeitnahe Stellung eines Insolvenzantrages verhindern. Die Bildung von Rückstellungen ist ein massiver Einschnitt in das Finanzgebaren der

---

[179] *Drukarczyk* in *Kirchhof/Lwowski/Stürner*, Münchener Kommentar zur Insolvenzordnung² (2008), § 18 Rz 2.
[180] Vgl § 18 Abs 2 dInsO.
[181] *Buchegger/Markowetz*, Insolvenzrecht (2010), 127 ff.
[182] *IDW*, IDW ERS HFA 18 n.F., Rz 37.
[183] *n.N.*, RWP 2011, 43 (47).
[184] *Buchegger/Markowetz*, Insolvenzrecht, 96.
[185] EB zu BGBl I Nr 29/2009.

GmbH. Da diese häufig keinen eigenen Geschäftsbetrieb hat, belastet dies wiederum die KG. Somit würde die – ohnehin schon prekäre Situation der KG noch weiter verschärft und ein eventueller Erfolg eines Sanierungsplans vereitelt. Der Sanierungsgedanke der IO würde daher unterlaufen werden, wenn die GmbH zur Bildung von Rückstellungen verpflichtet ist.

Über die Auswirkungen der verschiedenen Insolvenzverfahren auf die Höhe der Rückstellung wird auf den entsprechenden Abschnitt verwiesen.

d) Reorganisationsbedarf nach dem URG

Abgesehen davon, dass das URG laut hM „totes Recht" darstellt,[186] wird nachfolgend geprüft, ob eine Rückstellungsbildung für eine Inanspruchnahme der Haftung nach § 128 iVm § 161 besteht, wenn die KG Reorganisationsbedarf nach URG hat. Gemäß § 22 Abs 2 URG unterliegt auch eine GmbH & Co KG ieS den Sanktionen des URG für zu späte/unterlassene Beantragung eines Reorganisationsverfahrens. Laut Legaldefinition des § 1 Abs 2 URG ist „Reorganisation [...] eine nach betriebswirtschaftlichen Grundsätzen durchgeführte Maßnahme zur Verbesserung der Vermögens-, Finanz- und Ertragslage eines im Bestand gefährdeten Unternehmens, die dessen nachhaltige Weiterführung ermöglicht." Das Reorganisationsverfahren muss bei Vorliegen der Voraussetzungen eingeleitet werden. Sollte die KG jedoch insolvent iSd §§ 66 f IO sein, muss ein Insolvenzverfahren eröffnet werden.[187]

Das URG stellt in den §§ 22 ff eine Reorganisationsvermutung auf, wenn die Eigenmittelquote weniger als 8 % und die fiktive Schuldentilgungsrate mehr als 15 Jahre beträgt.

ME ist auch hier wieder zu unterscheiden, ob ein Antrag auf Einleitung eines Reorganisationsverfahrens gestellt wurde oder ob „nur" die Voraussetzungen hierfür vorliegen. Wurde noch kein Antrag gestellt, besteht – so wie auch sonst – zu jedem Zeitpunkt die Möglichkeit für die Gesellschafter, zB eine Gesellschaftsverbindlichkeit zu tilgen, eine Einlage zu erhöhen oder der KG ein Darlehen zu gewähren. Somit ist eine Inanspruchnahme der Haftung und eine damit verbundene Rückstellungsbildungspflicht – wie auch bei der drohenden Zahlungsunfähigkeit nach allgemeinen Grundsätzen zu prüfen.[188] Dh, eine statische Anknüpfung an den Kennzahlen des URG ist mE nicht ausreichend

---

[186] *Pichler*, Ist das URG selbst reorganisationsbedürftig?, SWK 34/1998, W 167 (W 168). Eine positive Erfahrung beschreibt *Hadl/Reckenzaun*, Erste (positive) Erfahrungen mit dem Unternehmensreorganisationsverfahren, ZIK 2001, 90.
[187] *Buchegger/Markowetz,* Insolvenzrecht, 201 f.
[188] Vgl *Uhlenbruck,* GmbH & Co in Krise, 317.

automatisch eine Rückstellungsverpflichtung abzuleiten. Es ist durchaus denkbar, dass bereits vorher schon alle Voraussetzungen erfüllt sind, eine Rückstellung zu bilden.[189] Ebenso wie unter Umständen auch bei Vorliegen des Reorganisationsbedarfs iSd § 22 URG ein Rückstellungsansatz unterbleiben kann.[190]

Wurde jedoch ein Antrag auf Reorganisation eingebracht, hat mE die Bildung einer Rückstellung zu unterbleiben. Es liefe dem in § 1 Abs 2 URG definierten Zweck der „[...] Verbesserung der Vermögens-, Finanz- und Ertragslage eines im Bestand gefährdeten Unternehmens, die dessen nachhaltige Weiterführung ermöglicht" zuwider, wenn mit einem Antrag auf Reorganisation eine Pflicht zur Bildung von Haftungsrückstellungen verbunden wäre.

e) Zwischenergebnis

Eine Rückstellung für eine Haftungsinanspruchnahme ist bei der GmbH zu bilden, wenn das Risiko der Inanspruchnahme hinreichend konkretisiert ist. Als Zeitpunkt kommen diesbezüglich vor allem die Zeitpunkte der Überschuldung und/oder Zahlungsunfähigkeit in Frage. In den übrigen Fällen ist zu prüfen, wie wahrscheinlich eine Inanspruchnahme ist, um basierend auf dieser Einschätzung eine Rückstellung zu bilden.

f) Höhe der zu bildenden Rückstellung

Neben der Frage des Zeitpunkts der Rückstellungsbildung ist vor allem auch die Frage entscheidend, wie hoch die zu bildenden Rückstellung sein muss. Grundsätzlich ist bei der Beurteilung der Höhe der Rückstellung das Vermögen der KG zu berücksichtigen.[191] Dh, sämtliche Verbindlichkeiten der KG, die in ihrem Vermögen nicht gedeckt sind, sind als Rückstellung in der Bilanz der GmbH zu passivieren.

- Ausweis der Verbindlichkeiten der KG

Wenn die KG überschuldet ist, ist fraglich, ob die GmbH sämtliche Verbindlichkeiten der KG rückstellen muss, oder nur jenen Teil, der die Überschuldung der KG hervorruft. Diese Frage hat erhebliche Auswirkungen auf die Vermögenssituation der GmbH selbst. Denn – wie bereits dargelegt – muss die insolvenzrechtliche Beurteilung der GmbH getrennt von der der KG erfolgen. Dh die Rückstellungshöhe hat entscheidenden

---

[189] ZB führt die Zahlungsunwilligkeit der KG zu Exekutionen gegen die Komplementär-GmbH.
[190] ZB Gesellschafter, die erst in der Krise ein Darlehen gewähren/auf Forderungen verzichten. Diesbezüglich ist jedoch den Anwendungsbereich des EKEG hinzuweisen.
[191] *Düll* in *Sudhoff*, § 22 Rz 8.

Einfluss auf den Überschuldungsstatus der GmbH. Es wäre mE zu weit gegriffen, bei Überschuldung der KG sämtliche Verbindlichkeiten der KG zu passivieren. *Uhlenbruck*[192] vertritt die Meinung, dass nur die Höhe jener Verbindlichkeiten zu passivieren ist, die von der KG nicht übernommen werden können. MaW, jene, die die Überschuldung der KG auslösen. Im Zusammenhang mit der Insolvenz der KG spricht auch *K. Schmidt*[193] davon, dass nur die „auf den Eröffnungsstichtag berechnete Unterdeckung dieser Verbindlichkeiten im KG-Vermögen bei der GmbH" als Insolvenzforderungen angemeldet werden. Dieser Ansicht ist mE auch im Zuge der Höhe der Rückstellungen zu folgen. Wie bereits dargelegt, ist bei der Frage der Rückstellungen immer entscheidend, ob mit einer Inanspruchnahme der Komplementärhaftung zu rechnen ist. Eine Rückstellung kommt daher nur für den Teil der Verbindlichkeiten der KG in Frage, für den das Vermögen derselben nicht ausreicht. Zu bemerken ist jedoch, dass diese Frage doch eher akademischer Natur sein wird.[194] Sollte die Komplementär-GmbH– wie wohl der Regelfall – nur mit dem Mindestkapital von € 35.000 ausgestattet sein, zieht die Überschuldung der KG im Regelfall auch die Überschuldung der Komplementär-GmbH nach sich.[195]

- Die Haftung des Kommanditisten

Bei der Rückstellungsbildung ist auch die Haftung des Kommanditisten zu berücksichtigen.[196] Diese hat naturgemäß Einfluss auf die Höhe der Inanspruchnahme des Komplementärs. Gleich wie die Komplementäre haften die Kommanditisten primär, unmittelbar, persönlich und solidarisch.[197] Der Unterschied besteht darin, dass grundsätzlich der Kommanditist nur mit der im Firmenbuch eingetragenen Haftsumme haftet.[198] Somit ist die Haftung des Kommanditisten beschränkt und sobald die erbrachte Einlage die Höhe der Haftsumme erreicht, haftet der Kommanditist nicht mehr.[199]

Bei der Haftung des Kommanditisten gilt es streng zu unterscheiden zwischen Haftsumme und Einlage: die Haftsumme ist jener Betrag, der im Firmenbuch eingetragen ist und mit welchem der Kommanditist nach außen haftet. Die Einlage hingegen ist die

---

[192] *Uhlenbruck* in *Schmidt/Uhlenbruck* (Hrsg), Die GmbH in Krise, Sanierung und Insolvenz⁴ (2009), Rz 5.201 f.
[193] *Schmidt* in *Schmidt*, Münchener Kommentar zum Handelsgesetzbuch³ (2011), § 158 Anhang Rz 68.
[194] *Binz/Sorg/Mayer,* GmbH & Co. KG, § 12 Rz 33.
[195] Siehe dazu unten h) „Simultaninsolvenz" der GmbH mit der KG.
[196] *IDW,* IDW RS HFA 18, Rz 40.
[197] *Schörghofer* in *öGesR*, Rz 2/834.
[198] Vgl § 171 Abs 1.
[199] *Schörghofer* in *öGesR*, Rz 2/850.

gesellschaftsvertragliche Leistung an die Gesellschaft und betrifft somit das Innenverhältnis.[200] Sollte nun die bedungene Leistung höher als die Haftsumme sein, ist für die Rückstellungshöhe die bedungene Leistung relevant. Dies deshalb, da – obwohl im Innenverhältnis geregelt – der Kommanditist von Gläubigern bis zur Höhe seiner höheren Pflichteinlage in Anspruch genommen werden kann.[201]

Die Haftung kann aber nach § 172 Abs 3 wieder aufleben, sobald die Einlage zurückgewährt wird. Für die Höhe der Rückstellungen hat dies mE jedoch keinen Einfluss. Der Kommanditist haftet maximal mit seiner Haftsumme (allenfalls mit der höheren bedungenen Einlage). Wenn die Einlage geleistet ist, ist der Kommanditist von seiner Haftung befreit – der Haftungsfonds der KG jedoch um die Einlage erweitert. Wurde die Einlage zurückgewährt lebt die Haftung bis zur Höhe der Haftsumme wieder auf. MaW ist bei der Rückstellungsbildung die Höhe der Haftsumme bzw einer allenfalls bedungenen höheren Einlage zu berücksichtigen.

Da nach österr Recht eine KG keine Anteile an der Komplementär GmbH halten kann, ist eine Regelung wie sie § 176 Abs 6 dHGB vorsieht, nicht nötig. Diese normiert, dass bei Einlage von Geschäftsanteilen der Komplementär-GmbH die Haftung des Kommanditisten nicht erlischt.[202]

Nur ausnahmsweise haftet der Kommanditist auch unbeschränkt. Dies zB für Schulden nach dem Kommunalsteuergesetz oder wenn der Kommanditist für die Schulden der KG bürgt.[203] Solche Durchbrechungen der beschränkten Haftung sind jedenfalls bei der Bildung der Rückstellung zu beachten.

Nicht außer Acht zu lassen ist die Haftung der/s Kommanditisten bei Verstößen gegen das Verbot der Einlagenrückgewähr nach §§ 82 f GmbHG.[204] Wie bereits kurz angerissen, hat hier der OGH – ebenso wie der BGH – in letzter Zeit einige – viel diskutierte – E getroffen, dass das Verbot der Einlagenrückgewähr auch auf die GmbH & Co KG anzuwenden sei. Als Beispiel sei genannt, wenn „[…] dem Kommanditisten einer GmbH & Co. KG deren Vermögen in einem Umfang ausbezahlt, dass dadurch mittelbar das Vermögen der Komplementär-GmbH unter den Nennwert des Stammkapitals

---

[200] *Duursma/Duursma-Kepplinger/Roth,* GesR, Rz 1323.
[201] *Koppensteiner/Auer* in *Straube,* Wiener Kommentar zum Unternehmensgesetzbuch - UGB⁴ (2009), § 171 Rz 6.
[202] *Hopt* in *Baumbach/Hopt/Merkt,* Handelsgesetzbuch³⁴ (2010), § 172 Rz 13.
[203] Vgl *Koppensteiner/Auer* in *Straube UGB I,* § 171 Rz 5. mwN.
[204] *Koppensteiner/Auer* in *Straube UGB I,* § 171 Rz 5.

herabsinkt, so haftet der Kommanditist gegenüber der Gesellschaft entsprechend §§ 30, 31 [d]GmbH; dies gilt auch dann, wenn er nicht zugleich Gesellschafter der GmbH ist."[205]

Die wohl wichtigste Besonderheit für die Rückstellungsbewertung bei der Haftung des Kommanditisten ist die Möglichkeit, den Komplementär von der Haftung freizustellen. Dies kann zwar nicht im Außenverhältnis geschehen,[206] im Innenverhältnis jedoch sehr wohl.[207] Dies hat zur Folge, dass der Kommanditist mittelbar unbeschränkt haftet.[208] Auch wenn immer noch die GmbH als persönlich haftender Gesellschafter von Gläubigern in Anspruch genommen werden kann, steht ihr automatisch mit dem Anspruch eine Forderung gegenüber den Kommanditisten zu. ME entfällt somit die Pflicht zur Rückstellungsbildung. Zu beachten ist jedenfalls die Werthaltigkeit einer Forderung gegenüber dem/den Kommanditisten.

- Die Reorganisation nach dem URG

Wie oben bereits dargelegt, ist zu differenzieren, ob Rückstellungen gebildet werden müssen, wenn Reorganisationsbedarf nach dem URG besteht. Ist eine Rückstellung für Haftungsinanspruchnahme zu bilden, ist zu klären, wie hoch diese sein muss. Trotz der Einleitung eines Reorganisationsverfahrens, sind die Gläubiger in vollem Umfang zu befriedigen. Dh auch vor etwaigen Exekutionen ist die KG nicht gefeit.[209] Für die Bildung von Rückstellungen bedeutet dies, dass vor allem jene Verbindlichkeiten rückzustellen sind, die im Vermögen der KG keine Deckung finden. Zu berücksichtigen sind jedoch Reorganisationsmaßnahmen, die direkten Einfluss auf die Vermögenslage der KG haben, wie zB Vereinbarungen mit Gläubigern Forderungen zu stunden. Hinzuweisen gilt, dass wegen § 21 URG auf Gesellschafterdarlehen, die zu Reorganisationsmaßnahmen gewährt werden, das EKEG nicht anzuwenden ist.[210] Nach § 11 leg cit fiele auch ein Kredit, der von einem Kommanditisten an die Komplementär-GmbH gewährt wird unter den Anwendungsbereich des EKEG. Dies sogar dann, wenn dieser nicht Gesellschafter der GmbH ist.[211]

---

[205] *Neubauer/Herchen* in *Gummert/Weipert* (Hrsg), Münchener Handbuch des Gesellschaftsrechts - Band 2 (2009), § 30 Rz 112.
[206] Vgl § 128 S 2
[207] *Strohn* in *Ebenroth/Joost/Strohn*, Handelsgesetzbuch² (2008), § 171 Rz 34.
[208] *Koppensteiner/Auer* in *Straube UGB I*, § 171 Rz 6.
[209] *Schumacher*, Das Unternehmensreorganisationsgesetz, ÖBA 1997, 855 (859).
[210] *Buchegger/Markowetz*, Insolvenzrecht, 209.
[211] *Harrer*, Das neue Eigenkapitalersatzrecht, wbl 2004, 201 (210).

- Insolvenz der KG

Die IO stellt im Insolvenzfall zwei Verfahrensvarianten zur Verfügung. Das Konkursverfahren und das Sanierungsverfahren (als Nachfolger des Ausgleichs).[212]

Ein Konkursverfahren ist es dann, wenn ein Sanierungsverfahren nicht möglich oder gescheitert ist.[213] Das heißt, dass auch im als Konkurs bezeichneten Verfahren ein Sanierungsplan möglich ist – an der Bezeichnung des Verfahrens als Konkursverfahren ändert sich dadurch nichts.[214] Wird im Sanierungsverfahren kein Sanierungsplan vorgelegt, zielt das Verfahren auf die Zerschlagung des Vermögens – und damit einhergehend, die Erfüllung des Tatbestandes des § 131 ab.[215]

Wird über das Vermögen der KG der Konkurs eröffnet und kein Sanierungsplan vorgelegt, haftet die Komplementär-GmbH nach allgemeinen Grundsätzen.[216] Das bedeutet, dass sämtliche Verbindlichkeiten, die im Vermögen der KG keine Deckung finden, bei der Bildung der Rückstellung berücksichtigt werden müssen.

Die zweite Verfahrensvariante ist die des Sanierungsverfahrens. Dieses Verfahren kann entweder direkt beim Eröffnungsantrag durch den Schuldner eingeleitet werden, oder im Konkursverfahren durch Vorlage eines Sanierungsplans.[217] Im Sanierungsverfahren bleibt das Unternehmen erhalten und den Gläubigern wird eine Quote von zumindest 20 % (ohne Eigenverwaltung) bzw 30 % (mit Eigenverwaltung) gewährt.[218]

Neben der Voraussetzung, dass der Sanierungsplan nur mit Zustimmung der unbeschränkt haftenden Gesellschaftern abgeschlossen werden kann, normiert § 164 Abs 2 IO, dass sich die Rechtswirkungen des Sanierungsplans auch auf die unbeschränkt haftenden Gesellschafter erstrecken. Das bedeutet, dass die Komplementär-GmbH nur für die vereinbarte Quote haftet.[219] Somit sind nur die der Quote entsprechenden Verbindlichkeiten der KG bei der Bildung der Rückstellungen in der GmbH zu berücksichtigen.

---

[212] *Kodek*, Von der KO zur IO, ÖBA 2010, 498 (498).
[213] *Buchegger/Markowetz*, Insolvenzrecht, 4.
[214] *Jelinek*, Insolvenzrechtsreform 2010, wbl 2010, 377 (380).
[215] *Jelinek*, wbl 2010, 377 (380).
[216] *Koppensteiner/Auer* in *Straube*, Wiener Kommentar zum Unternehmensgesetzbuch - UGB⁴ (2009), Anh. zu § 128 Rz 7.
[217] *Buchegger/Markowetz*, Insolvenzrecht, 127.
[218] *Buchegger/Markowetz*, Insolvenzrecht, 128.
[219] *Mohr* in *Konecny/Schubert*, Insolvenzgesetze (2010), § 164 Rz 7.

Zu beachten ist, dass diese Regelung dispositiver Natur ist und somit im Sanierungsplan die Wirkungserstreckung abbedungen werden kann. „Ein Ausschluss der schuldbefreienden Wirkung des Ausgleichs setzt einen über die gesetzliche Gesellschafterhaftung hinausgehenden (weiteren) Rechtsgrund voraus."[220] Das bedeutet, dass die Rechtswirkungen des § 164 Abs 2 IO zB durch Übernahme einer Bürgschaft nicht in Anspruch genommen werden können.[221] Freilich ist eine solche, über die durch § 128 normierte Haftung hinausgehende Haftungsvereinbarung bei der Bildung der Rückstellungen zu beachten.

g) Die Rolle von Regressforderungen nach § 110

Wie bereits dargelegt, kann die GmbH, die aufgrund ihrer persönlichen Haftung in Anspruch genommen wurde, von der KG Ersatz für ihren Aufwand fordern.[222] Dh, sobald ein Gläubiger primär auf die GmbH in ihrer Rolle als Komplementärin greift, hat diese eine Forderung nach § 110 gegenüber der KG.[223] Diese Forderung hat die GmbH jedenfalls dann noch nicht, als eine Inanspruchnahme nur droht. Das bedeutet, dass die GmbH – unter den oben genannten Voraussetzungen – zwar erfolgswirksam eine Rückstellung bilden muss, eine Forderung jedoch noch nicht aktivieren darf. *Lüke*[224] sieht das anders und aktiviert automatisch mit einer Rückstellungsbildung für drohende Inanspruchnahme den Ausgleichsanspruch nach § 110. Dem ist zu widersprechen. Dem imparitätischen Realisationsprinzip folgend, darf eine Forderung erst aktiviert werden, wenn die Haftung tatsächlich in Anspruch genommen wurde.[225] Dh die gebildete Rückstellung aufgelöst werden musste. Die bloße Bereitschaft zur Haftung ist noch nicht ersatzfähig[226] und somit muss eine Aktivierung der Rückgriffsforderung unterbleiben.

Die Forderung gegenüber der KG ist jedenfalls – so wie jede andere Forderung auch – mit dem Nennwert zu bewerten. Sollte aber die Einbringlichkeit zweifelhaft sein, ist die Forderung teilweise oder zur Gänze abzuschreiben.[227]

---

[220] OGH vom 22.04.2009, 3 Ob 32/09s.
[221] OGH vom 26.08.1999, 8 Ob 201/99p.
[222] *Koppensteiner/Auer* in *Straube UGB I*, § 128 Rz 20.
[223] *Hillmann* in *Ebenroth/Joost/Strohn*, Handelsgesetzbuch² (2008), § 128 Rz 30.
[224] *Lüke* in *Hesselmann/Tillmann*, § 10 Rz 149.
[225] *Egger/Samer/Bertl,* Jahresabschluss UGB, 314.
[226] *Hopt* in *Baumbach/Hopt/Merkt*, Handelsgesetzbuch³⁴ (2010), § 110 Rz 7.
[227] *Egger/Samer/Bertl,* Jahresabschluss UGB, 113.

h) „Simultaninsolvenz" der GmbH mit der KG

Für die Rückstellungsbildung hat die Möglichkeit des Regresses bei der KG keinen Einfluss. Dies stellt die Komplementär-GmbH nun aber vor folgendes Problem: sie muss eine Rückstellung für eine Haftungsinanspruchnahme bilden, wenn dieses Risiko hinreichend konkretisiert ist. Eine Aktivierung der Regressforderung muss bis zur tatsächlichen Inanspruchnahme unterbleiben. Spätestens dann, wenn die KG insolvenzrechtlich überschuldet und/oder zahlungsunfähig ist, muss die GmbH eine Rückstellung bilden. Ist die KG jedoch zahlungsunfähig und/oder überschuldet ist eine Rückgriffsforderung gegenüber der KG nicht werthaltig. Selbst wenn in der Überschuldungsbilanz eine Rückgriffsforderung aktiviert wird.[228] Sollte die Komplementär-GmbH (wie meist üblich) keinen eigenen Geschäftsbetrieb haben, schlägt die Zahlungsunfähigkeit/Überschuldung der KG mehr oder weniger direkt auf die GmbH durch. Somit ereilt die Komplementär-GmbH dasselbe Schicksal wie die KG.

---

[228] *Schlitt*, NZG 1998, 701 (705).

C Die Prüfung des Abschlusses der GmbH & Co KG

1 Umfang der Prüf- und Offenlegungspflicht

Die Prüfung des JA dient der Überprüfung, ob die gesetzlichen und gesellschaftsvertraglichen Pflichten bei der Erstellung des JA eingehalten wurden. Es ist sowohl die Buchführung mit einzubeziehen, als auch zu überprüfen, ob der Lagebericht mit dem restlichen JA im Einklang steht.[229] Der Abschlussprüfer – der ein Prüfer gemäß § 5 Wirtschaftstreuhandberufsgesetz oder eine Wirtschaftsprüfungsgesellschaft gemäß § 66 WTBG sein muss – fasst das Ergebnis der Abschlussprüfung in seinem – unveröffentlichten – Prüfungsbericht zusammen. Für die Öffentlichkeit hingegen einsehbar ist der Bestätigungsvermerk nach § 274, mit dem das Prüfungsurteil und Aussagen zum Lagebericht abgegeben wird.[230] Ein uneingeschränkter Bestätigungsvermerk gemäß Abs 2 leg cit versichert, dass der JA „[…] gesetzlichen Vorschriften entspricht und unter Beachtung der Grundsätze ordnungsmäßiger Buchführung oder sonstiger maßgeblicher Rechnungslegungsgrundsätze ein möglichst getreues Bild der Vermögens-, Finanz- und Ertragslage des Unternehmens oder des Konzerns vermittelt".[231]

Neben der Pflicht zur Prüfung eines JA tritt die Pflicht den JA beim zuständigen Firmenbuchgericht offenzulegen. Die Frist dafür beträgt gemäß § 277 neun Monate nach Ablauf des Bilanzstichtags. Der wesentliche Zweck der Offenlegung besteht darin, dass der JA seiner Informationsfunktion nicht nur innerhalb der Gesellschaft nachkommen kann, sondern auch gegenüber Dritten.[232]

Das Gesetz sieht sowohl für die Prüfpflicht als auch für die Offenlegungspflicht gewisse größenabhängige Erleichterungen vor. Zu beachten ist jedenfalls, dass ein prüfungspflichtiger JA so lange nicht festgestellt werden kann, als die Abschlussprüfung noch nicht erfolgt ist.[233]

---

[229] *Egger/Samer/Bertl,* Jahresabschluss UGB, 506.
[230] *Prachner/Szaurer* in *Straube,* Wiener Kommentar zum Unternehmensgesetzbuch - UGB³ (2011), § 274 Rz 6.
[231] *Kalss/Schauer/Winner,* Allgemeines Unternehmensrecht ¹ (2011), Rz 7/49.
[232] *Kalss/Schauer/Winner,* Allg. UntR, Rz 7/51.
[233] *Müller/Wiedermann* in *Straube,* Wiener Kommentar zum Unternehmensgesetzbuch - UGB³ (2011), § 268 Rz 20.

2 Allgemein zur Prüfpflicht einer GmbH & Co KG

Neben der Anwendung der Rechnungslegungsvorschriften für Kapitalgesellschaften normiert § 221 Abs 5 auch, dass eine GmbH & Co KG ieS den Regelungen bezüglich der Prüfung und Offenlegung des JA unterliegt.[234] Es ist hier jedoch streng zu unterscheiden zwischen dem JA der Komplementär-GmbH und jenem der KG!

Die GmbH unterliegt als Kapitalgesellschaft stets den Vorschriften des Zweiten Abschnitts des Dritten Buches des UGB. Die KG hingegen erst durch die Bestimmung des § 221 Abs 5 und auch hier nur bezüglich der erweiterten Rechnungslegungsvorschriften der §§ 222 bis 243 und der Prüfungs- und Offenlegungsnormen der §§ 268 bis 283. Bezüglich des Konzernabschlusses unterwirft § 244 Abs 3 unternehmerisch tätige Personengesellschaften ohne natürliche Person als unbeschränkt haftenden Gesellschafter unter den weiteren Voraussetzungen eines Konzerns den Regelungen der §§ 244 bis 267.

Eine Prüfpflicht besteht jedoch nur dann, wenn die Gesellschaft (sowohl die Komplementär-GmbH als auch die KG) die Größenmerkmale des § 221 überschreitet bzw eine kleine GmbH einen Aufsichtsrat zu bilden hat. Wiederum sind diese Voraussetzungen für beide Gesellschaften separat zu prüfen. Für gewöhnlich hat die Komplementär-GmbH als Arbeitsgesellschafterin kaum Arbeitnehmer, eine niedrige Bilanzsumme und wenig bis gar keine Umsatzerlöse.[235] Sie ist somit als „klein" iSd § 221 Abs 1 einzustufen und ist nach § 268 Abs 1 – sollte auch gemäß gesetzlicher Vorschriften kein Aufsichtsrat zu bilden sein – von der Prüfpflicht des JA ausgenommen.

Es kann jedoch eine Prüfpflicht für die KG bestehen. Dies dann, wenn die KG die Schwellenwerte des § 221 überschreitet und als „mittelgroß" bzw „groß" iSd UGB gilt.[236] Zu beachten ist, dass hier die Kennzahlen der KG und der GmbH nicht addiert werden dürfen[237] und die Größeneinteilung der Komplementär-GmbH für die Beurteilung der KG unbeachtlich ist.[238]

Zusammenfassend ergeben sich für die Prüfpflicht einer GmbH & Co KG folgende drei Möglichkeiten:

---

[234] *Nowotny* in *Straube UGB II*, § 221 Rz 9.
[235] *Huemer*, Prüfungsausschuss bei der GmbH & Co KG, GES 2010, 108 (108).
[236] *Müller/Wiedermann* in *Straube UGB II*, § 268 Rz 3.
[237] *Nadvornik*, Die Personengesellschaft im Rechnungslegungsgesetz in *Kofler/Jacobs Otto* (Hrsg), Rechnungswesen und Besteuerung der Personengesellschaften (1991), 61.
[238] *Huemer*, Größenabhängige Erleichterungen bei der Rechnungslegung, 36.

- Die KG überschreitet die Größenmerkmale des § 221 und ist somit prüfpflichtig
- Die Komplementär-GmbH gilt als mittelgroß bzw groß iSd § 221 und ist somit prüfpflichtig
- Die Komplementär-GmbH gilt als klein, hat aber aufgrund gesetzlicher Bestimmungen einen Aufsichtsrat zu bilden und ist somit prüfpflichtig

Somit kann es auf den ersten Blick sein, dass sowohl der JA der GmbH als auch der JA der KG zu prüfen und offenzulegen sind. Diese Fragen werden unten unter Pkt C5 näher erläutert.

3 Die zeitlichen Voraussetzungen der Prüfpflicht

3.1 Die Größenmerkmale des § 221

Nach § 221 Abs 4 treten die jeweiligen Rechtsfolgen der Größenmerkmale erst ab dem folgenden Geschäftsjahr ein, nachdem zwei von drei Merkmalen an zwei aufeinander folgenden Abschlussstichtagen des JA überschritten wurden. Anzumerken ist, dass diese Größenmerkmale sowohl für die GmbH als auch die KG relevant sind.

Für die drei Größenkategorien sind jeweils die Bilanzsumme, die Umsatzerlöse und die Anzahl der Arbeitnehmer relevant. Der Beobachtungszeitraum von zwei Jahren soll zu einer gewissen Konstanz der – teilweise sehr umfangreichen – Prüf- und Offenlegungspflichten führen.[239] Da diese 2-Jahres Frist zufälliges Über- bzw Unterschreiten der Schwellwerte verhindern soll,[240] sind Umwandlungen, Neugründungen oder erstmaliges Unterfallen nicht erfasst.[241]

Im Vergleich zur Regelung des § 267 dHGB gewährt § 221 Abs 4 UGB dem Unternehmer ein zusätzliches Geschäftsjahr, bis die Rechtsfolgen der jeweiligen Größenklasse eintreten.[242] Dh, während in Deutschland das jeweilige Unternehmen ab dem zweiten Stichtag, an dem die Schwellenwerte überschritten wurden bereits den Rechtsfolgen des entsprechenden Größenmerkmals unterliegt,[243] wird einem österr Unternehmen ein zusätzliches Geschäftsjahr gewährt, bis die jeweiligen Rechtsfolgen eintreten.[244]

---

[239] *Nowotny* in *Straube UGB II*, § 221 Rz 25.
[240] *Reiner* in *Schmidt*, Münchener Kommentar zum Handelsgesetzbuch² (2008), § 267 Rz 12.
[241] *Merkt* in *Baumbach/Hopt/Merkt*, Handelsgesetzbuch³⁴ (2010), § 267 Rz 10.
[242] Arg: „[…] treten ab dem folgenden Geschäftsjahr ein".
[243] *Reiner* in *MüKo*, § 267 Rz 12.
[244] *Nowotny* in *Straube UGB II*, § 221 Rz 25. Krit dazu *Huemer*, Erleichterungen, 66 ff.

Zu beachten ist weiterhin, dass die einzelnen Schwellenwerte untereinander gleichrangig sind. Das bedeutet, dass zum zweiten Abschlusstag nicht dieselben Schwellenwerte überschritten werden müssen, wie zum ersten.

3.2 Die Rechtsformspezifische Rechnungslegung

Neben der Möglichkeit der Einordnung in die Größenmerkmale des § 221, besteht die Möglichkeit, dass Vorgänge innerhalb einer KG – zB der Austritt der letzten natürlichen Person als Komplementär – die erweiterte Rechnungslegungspflicht des § 221 Abs 5 auslösen können. In diesem Fall ist strittig, ab wann diese Vorschriften für die GmbH & Co KG anzuwenden sind bzw nicht mehr anzuwenden sind.

Die Diskussion dreht sich um den genauen Zeitpunkt, ab wann eine verdeckte Kapitalgesellschaft den Regelungen bezüglich der erweiterten Rechnungslegung zu unterwerfen sind. Die zentrale Frage ist, ob die Rechtsverhältnisse im Zeitpunkt der Aufstellung des JA entscheidend sind, oder jene zum Abschlussstichtag. Anders als die Größenkriterien gilt für die Rechtsform nicht die Beobachtungsfrist von zwei Jahren.[245] Freilich hat diese Diskussion auch Auswirkungen auf die Prüf- und Offenlegungspflichten der Gesellschaft.

In Österreich stehen sich hier in erster Linie die Meinungen von *Huemer*[246] und *Fida/Rechberger*[247] gegenüber. Während erstere die Heranziehung der Verhältnisse zum Stichtag des JA befürwortet, sind Fida/Rechberger – gestützt von *Nowotny*[248] – dafür, auf die Rechtsform bei Aufstellung des JA abzustellen. Die Diskussion hat dahingehend Bedeutung, da nach § 222 Abs 1 zwischen Bilanzstichtag und der Aufstellung des JA bis zu 5 Monate vergehen können.[249] Somit ist es durchaus denkbar, dass sich in dieser Zeitspanne die Rechtsverhältnisse einer Gesellschaft dahingehend ändern, dass die Pflichten der erweiterten Rechnungslegung entfallen bzw entstehen.

Das wesentliche Argument von Fida/Rechberger ist, dass der Eintritt einer natürlichen Person als Vollhafter zwischen Stichtag und Aufstellung die – aus Gläubigerschutzgründen – erweiterte Rechnungslegung erzwingt, obwohl die Umstände nicht mehr

---
[245] *Nowotny* in *Straube UGB II*, § 221 Rz 26.
[246] *Huemer*, Rechtsformspezifische Rechnungslegung: Entscheidet die Rechtsform zum Abschluss- oder zum Aufstellungszeitpunkt?, RdW 2006, 492
[247] *Fida/Rechberger*, Zur Offenlegungspflicht der Kapitalgesellschaft & Co, RdW 2006, 196
[248] *Nowotny* in *Straube UGB II*, § 221 Rz 26.
[249] *Nowotny* in *Straube UGB II*, § 222 Rz 9 ff.

gegeben sind.[250] Auch wenn Huemer mE zu Recht erkennt, dass sich nicht nur die Bewertungsvorschriften des Dritten Buches auf das Stichtagsprinzip beziehen, ist die Lösung in den Funktionen einer Bilanz zu suchen. Die Bilanz soll nicht nur dem Unternehmen als Informationsquelle dienen, sondern auch interessierten Dritten. Die Bilanz gibt jedoch stets (nur) Auskunft über die Situation des Unternehmens am Bilanzstichtag.[251] Warum sollte hier der Eintritt/Austritt einer natürlichen Person als unbeschränkt Haftenden andere Konsequenzen haben, als andere – zT auch außergewöhnliche Geschäftsvorfälle – einer Kapitalgesellschaft, die auch erst im folgenden JA zu berücksichtigen sind.[252]

Doch fraglich ist, ob die Änderung der Gesellschafterstruktur, die ja gerade die Anwendung der erweiterten Rechnungslegungsvorschriften in ihrem Kern trifft, überhaupt ein passendes Anwendungsfeld für das Argument der Informationsfunktion der Bilanz darstellt. Wenn nun zwischen Stichtag des JA und dessen Tag der Aufstellung die letzte verbliebene natürliche Person die Position als unbeschränkt Haftender verlässt (und somit eine GmbH & Co KG ieS entsteht), wird der Gläubigerschutz auch dadurch nicht untergraben, dass die KG – in diesem Jahr – noch nicht den erweiterten Rechnungslegungsvorschriften und somit der Prüf- und Offenlegungspflicht unterliegt. Grund dafür ist die Nachhaftung eines ausgeschiedenen Gesellschafters, die in § 160 normiert ist.[253] Das heißt, dass vor allem jene Gläubiger geschützt sind, die gerade im Vertrauen auf die Haftung einer natürlichen Person disponiert haben.[254] Eine „Haftungslücke" beim Austritt in der Zeit zwischen Bilanzstichtag und Aufstellung des JA entsteht somit für die Altgläubiger der Gesellschaft nicht. Somit besteht mE auch kein Anlass, den JA zwischen Bilanzstichtag und Aufstellung an die geänderten Rechnungslegungsvorschriften anzupassen. Neugläubiger hingegen können schon allein aus den Firmenwortlautvorschriften des § 14 Abs 1 erkennen, dass nunmehr keine natürliche Person als Vollhafter der Gesellschaft ist.

Im umgekehrten Falle – also dem Eintritt einer natürlichen Person als Vollhafter zwischen Bilanzstichtag und Aufstellung des JA – sollen nach Fida/Rechberger[255] die

---

[250] *Fida/Rechberger*, RdW 2006, 196 (198).
[251] *Bertl/Deutsch-Goldoni/Hirschler*, BuB, 209.
[252] *Wiedmann* in *Ebenroth/Joost/Strohn*, Handelsgesetzbuch² (2008), § 264a Rz 9.
[253] *Förschle/Usinger* in *BeBilKo*, § 264a Rz 29.
[254] *Koppensteiner/Auer* in *Straube*, Wiener Kommentar zum Unternehmensgesetzbuch - UGB⁴ (2009), § 160 Rz 1.
[255] *Fida/Rechberger*, RdW 2006, 196 (198); ebenso für D *Reiner* in *Schmidt*, Münchener Kommentar zum Handelsgesetzbuch² (2008), § 264c Rz 7.

Pflichten der erweiterten Rechnungslegung rückwirkend entfallen. Dies wird überwiegend damit argumentiert, dass nun eine natürliche Person von der Eintrittshaftung des § 130 mit erfasst wird und somit die erweiterten Rechnungslegungspflichten gemeinsam mit der – im Ergebnis – begrenzten Haftung der KG entfallen. Wie Huemer dies treffend beschreibt, würde sich bei einer Abkehr vom Stichtagsprinzip „[...] unweigerlich die Frage stellen, warum nicht auch andere wertbeeinflussende Umstände, welche sich positiv auf den Haftungsfonds der Gläubiger auswirken Berücksichtigung finden sollten"[256]

Als Zwischenergebnis kann festgehalten werden, dass auch der Austritt der letzten natürlichen Person als unbeschränkt haftenden Gesellschafters zwischen Bilanzstichtag und Aufstellung des JA keine erweiterten Rechnungslegungspflichten für diesen aufzustellenden JA auslösen. Ebenso wenig, wie der Eintritt einer natürlichen Person als Komplementär diese Pflichten rückwirkend entfallen lassen.

Ein weiteres Problemfeld eröffnet sich nun aber mit der Frage nach der Größenklasse der KG im Falle eines Austritts der letzten verbliebenen natürlichen Person als Vollhafter. Dieses Problem lässt sich mit folgendem Beispiel konkretisieren: eine KG (mit einer GmbH und einer natürlichen Person als Komplementär) hat seit mehreren Jahren Umsatzerlöse in der Höhe von 45 Mio € und stets durchschnittlich mehr als 300 Arbeitnehmer. Da aber immer noch eine natürliche Person als Vollhafter vorhanden ist, unterliegt diese – an sich als „groß" zu qualifizierende – Gesellschaft nicht den erweiterten Rechnungslegungsvorschriften. Wie ist die KG nun einzuordnen, wenn zB im Jahr 04 die natürliche Person die Stellung als Komplementär verlässt und somit die GmbH & Co KG den erweiterten Rechnungslegungsvorschriften unterliegt?

Da erst ab dem auf den Austritt folgenden Bilanzstichtag – im Jahr 05, um das Beispiel fort zu führen – die 2-Jahres-Frist des § 221 Abs 4 Z 1 zu laufen beginnt, würde die, grundsätzlich seit je her, große GmbH & Co KG erst mit dem JA des Jahres 07 den Prüf- und Offenlegungspflichten einer großen Gesellschaft iSd § 221 unterliegen.

Dieses Ergebnis wäre im Hinblick auf den Zweck dieser Norm äußerst dürftig. Deshalb ist nach § 221 Abs 4 Z 2 bei Umgründungen bzw Neugründungen die, in Z 1 leg cit normierte Beobachtungsfrist nicht zu beachten. Dieser besagt, dass im Falle einer Umgründung bzw Neugründung die Verhältnisse am ersten Stichtag nach der Umgrün-

---

[256] *Huemer*, RdW 2006, 492 (495).

dung/Neugründung für die Einordnung ausschlaggebend sind. Der OGH[257] urteilte kürzlich, dass diese differenzierte Betrachtungsweise hinsichtlich der unterschiedlichen Fristen keinen Wertungswiderspruch darstellt, da Umgründungen „[...] ein einmaliges Ereignis, das mit zufälligen Schwankungen der wirtschaftlichen Lage im laufenden Betrieb nicht gleichgesetzt werden kann und es rechtfertigt, die damit verbundenen Rechtsfolgen bereits ab dem nächsten Geschäftsjahr eintreten zu lassen".

Geist[258] definiert die Umgründungen als Vorgänge „[...] bei denen bezüglich eines Betriebs, Teilbetriebes, Unternehmens oder eines vergleichbaren Vermögens eine Rechtsträgeränderung erfolgt, mag dies mit einer Einzelrechtsnachfolge, Gesamtrechtsnachfolge, Anwachsung oder Ähnlichem verbunden sein." Das nun vorliegende Problem ist, dass der Austritt eines Gesellschafters keine Rechtsträgeränderung darstellt. Eine Neugründung iSd Z 2 leg cit kann sowohl eine Gründung ieS, als auch eine „wirtschaftliche Wiederbelebung"[259] sein. Doch auch dies liegt in unserem Fall – dem Austritt der letzten natürlichen Person als Vollhafter – nicht vor.

Für diesen Fall ist es mE kongruent, wenn zu diesem Vorgang die Regelungen einer Neugründung analog angewendet werden. Im Endeffekt kommt das erstmalige Erfüllen des Tatbestandes des § 221 Abs 5 einer Neugründung einer Kapitalgesellschaft sehr nahe. Das würde bedeuten, dass die Verhältnisse ab dem, auf die Neugründung folgenden Stichtags, anzuwenden sind. Mit Verweis auf die EB des dt Rechtsgebers ist auch *Wiedmann*[260] dieser Auffassung. Im oben begonnen Beispiel, wäre die KG somit ab dem Jahr 05 als „groß" einzuordnen.

Fraglich[261] ist nun jedoch, wie der JA des dadurch entstandenen Rumpfgeschäftsjahres zu behandeln ist. Während bei der Diskussion unter Pkt C3.1 im Zeitpunkt der Veränderung des Gesellschafterbestandes das Geschäftsjahr bereits abgeschlossen, der JA aber noch nicht aufgestellt (der JA des Jahres 03 um dem Beispiel treu zu bleiben) geht es hier nun um den JA des Jahres in dem der Gesellschafterwechsel geschieht (der JA des Jahres 04 also). In diesem Falle ist ja bereits zum Bilanzstichtag keine natürliche Person mehr als Vollhafter in der Gesellschaft – die Rechtsfolgen des § 221 Abs 4 Z 2 treten, wie dargelegt aber erst ab dem folgenden Geschäftsjahr ein. Der JA des Jahres in dem

---

[257] OGH vom 18.12.2009, 6 Ob 211/09m.
[258] *Geist*, Umgründungen und rechnungslegungsrechtliche Größenklassen, wbl 2001, 358 (359).
[259] *Winkeljohann/Lawall* in *Ellrott/Budde*, Beck'scher Bilanz-Kommentar[7] (2010), § 267 Rz 23.
[260] *Wiedmann* in *Ebenroth/Joost/Strohn*, Handelsgesetzbuch[2] (2008), § 267 Rz 15.
[261] Ausf zu dieser Frage *Huemer,* Erleichterungen, 75 ff.

der Gesellschafterwechsel geschieht, bleibt also unveröffentlicht und ungeprüft – obwohl die Voraussetzungen zum Bilanzstichtag bereits vorliegen.

Das Gesetz sagt über diesen Zeitraum nichts aus.[262] Die Tatsache, dass es sich nun bereits um eine „große" KG handelt, die prüf- und offenlegungspflichtig wäre, dieser Verpflichtung aber erst mit Abschluss des nächsten Geschäftsjahres nachkommen muss, ist unbefriedigend und kann mE nicht im Sinne des Gesetzgebers sein. Weder die von *Geist*[263] vertretene Meinung, der für den ersten Abschluss stets die Rechtsfolgen einer großen Kapitalgesellschaft in Anspruch nehmen will und die Erleichterungen erst „verdient" werden müssen, noch jene von *Nowotny*[264], der in einem solchen Fall die Gesellschaft als klein definiert, die dann später in die Rechtsfolgen „hineinwachsen" soll, überzeugt. Auch wenn der, im Vergleich zu Österreich früheren Rechtsfolge wegen, der § 267 dHGB nicht unmittelbar herangezogen sollte, ist auch hier der deutschen Regelung eindeutig der Vorzug zu geben. Demnach sind die Verhältnisse am Abschlussstichtag für diesen JA entscheidend.[265] Dies würde, durch die beiden vorgestellten Meinungen zwangsläufig aufkommenden falschen Qualifikationen verhindern und der Gesellschaft von Beginn an jene Pflichten auferlegen, die der Gesetzgeber für diese Gesellschaft vorgesehen hat. Um das erklärende Beispiel zu einem Ende zu bringen, ist somit die KG auch hinsichtlich des JA des Jahres 04 – in dem die letzte natürliche Person als Vollhafter austrat – als groß iSd § 221 zu qualifizieren.

4 Die Bildung eines Aufsichtsrats

Während bei der AG ein Aufsichtsrat ein obligatorisches Organ darstellt,[266] ist dieses Organ bei der GmbH nur unter bestimmten gesetzlichen Voraussetzungen verpflichtend zu bilden. Ein fakultativer Aufsichtsrat kann jedoch eingerichtet werden.[267] Bei der KG wiederum ist die Bildung eines Aufsichtsrates (obligatorisch oder fakultativ) nicht vorgesehen. Ein dem Aufsichtsrat ähnliches Gremium wie ein Beirat oder ein Ausschuss kann hingegen gesellschaftsvertraglich festgelegt werden.[268]

---

[262] *Nowotny* in *Straube UGB II*, § 221 Rz 31. Für Ö *Casey* in *Hirschler*, Bilanzrecht (2010), § 221 Rz 49; *Huemer*, Erleichterungen, 101 f.
[263] *Geist*, wbl 2001, 358 (362 ff).
[264] *Nowotny* in *Straube UGB II*, § 221 Rz 31 f.
[265] *Winkeljohann/Lawall* in *BeBilKo*, § 267 Rz 28.
[266] *Kalss* in *Kalss/Nowotny/Schauer* (Hrsg), Österreichisches Gesellschaftsrecht (2008), Rz 3/454.
[267] *Nowotny* in *öGesR*, Rz 4/254.
[268] *Mutter* in *Gummert/Weipert* (Hrsg), Münchener Handbuch des Gesellschaftsrechts - Band 2 (2009), § 8 Rz 1.

Die Aufsichtsratspflicht hat für die Prüfungs- und Offenlegungspflicht erhebliche Bedeutung, da durch die Regelung des § 268 Abs 1 auch eine kleine GmbH iSd § 221 Abs 1 zur Prüfung des JA verpflichtet ist, sollte sie auf Grund gesetzlicher Vorschriften zur Bildung eines Aufsichtsrates verpflichtet sein.

4.1 Der Aufsichtsrat bei der Komplementär-GmbH

a) Gesetzliche Vorschriften

Wie soeben dargelegt ist der JA der GmbH zwingend zu prüfen und offenzulegen, wenn diese auf Grund gesetzlicher Vorschriften einen Aufsichtsrat zu bilden hat. Neben der zentralen Norm des § 29 GmbHG ist zB auch nach § 6 Abs 2 Z 3 InvFG, § 12 WohnungsgemeinnützigkeitsG oder § 14 Abs 2 Z 3 GlückspielG ein Aufsichtsrat zu bilden.[269]

§ 6 Abs 2 Z 1 InvFG verlangt, dass die Verwaltungsgesellschaft in der Rechtsform einer GmbH oder AG zu betreiben ist. Die Konstruktion, dass solch eine Verwaltungsgesellschaft gleichzeitig auch alleinige Komplementärin einer KG ist, widerspricht mE dem Grundsatz des § 5 InvFG nachdem eine Verwaltungsgesellschaft nur die in Abs 2 leg cit taxativ aufgezählten Funktionen ausüben darf. Die Geschäftsführung einer Kommanditgesellschaft ist nicht möglich und somit kann auch keine nach § 6 Abs 2 Z 3 InvFG aufsichtsratspflichtige GmbH Komplementärin einer GmbH & Co KG sein.

Zwar ist auch nach § 94 Abs 2 GmbHG unter bestimmten Umständen in der Liquidation vom zuständigen Handelsgericht ein Aufsichtsrat einzusetzen. Für Gesellschaften in Liquidation besteht jedoch keine Prüfpflicht.[270] Zu beachten ist jedoch die Regel des § 91 Abs 1 GmbHG iVm § 211 Abs 3 AktG, der eine gerichtlich angeordnete Prüfpflicht der Eröffnungsliquidationsbilanz vorsieht, wenn 5 % des Stammkapitals bzw ein Anteil von 350.000 € dies verlangt.[271]

Anzumerken ist, dass das dHGB an die Pflicht zur Bildung eines Aufsichtsrates nicht automatisch die Konsequenz der Abschlussprüfung knüpft. Vielmehr sind auch für die GmbH & Co KG grundsätzlich die Größenklassen des § 267 Abs 1 dHGB iVm § 264a dHGB entscheidend.[272] Die Größenklassen entsprechen jenen des § 221 UGB. Im Unterschied zu Österreich ist somit eine aufsichtsratspflichtige kleine GmbH nicht

---

[269] *Koppensteiner* in *GmbHG*, § 29 Rz 4.
[270] *Müller/Wiedermann* in *Straube UGB II*, § 268 Rz 7.
[271] *Haberer/Zehetner* in *Straube*, Wiener Kommentar zum GmbH-Gesetz³ (2010), § 91 Rz 13.
[272] *Förschle/Küster* in *Ellrott/Budde*, Beck'scher Bilanz-Kommentar⁷ (2010), § 316 Rz 7.

prüfpflichtig, da nach § 316 Abs 1 dHGB auch in D kleine Gesellschaften von der Prüfpflicht ausgenommen sind.

Die wohl wichtigste Regel ist somit jene des § 29 Abs 1 Z 4 GmbHG. Demnach hat die GmbH (sic!) einen Aufsichtsrat zu bilden, wenn „[…] die Gesellschaft persönlich haftender Gesellschafter einer Kommanditgesellschaft ist und die Anzahl der Arbeitnehmer in ihrem Unternehmen und im Unternehmen der Kommanditgesellschaft im Durchschnitt zusammen dreihundert übersteigt". Laut hM sind, bei Vorhandensein von zwei GmbH die Arbeitnehmer der KG zu jeder GmbH hinzuzurechnen.[273] Somit können uU beide Komplementär-GmbH aufsichtsratspflichtig werden.

Ursprünglich dazu gedacht, eine Umgehung der Aufsichtsratspflicht nach § 29 Abs 1 Z 2 leg cit – und damit der Beteiligung der Arbeitnehmer – durch eine Gründung einer GmbH & Co KG zu verhindern[274], hat die Aufsichtsratspflicht auch aus Sicht der Prüfpflicht Konsequenzen. Detail am Rande, während in Österreich jedoch bereits das Überschreiten der Schwelle von 300 Arbeitnehmern in beiden Gesellschaften für eine Aufsichtsratspflicht reicht, muss nach §§ 6 Abs 1, 1 Abs 2 deutsches Mitbestimmungsgesetz[275] erst beim Überschreiten der Schwelle von 2.000 Arbeitnehmern bei der Komplementär-GmbH ein Aufsichtsrat gebildet werden.[276]

Die Befreiungsregel des § 29 Abs 2 Z 2 GmbHG, wonach der Beitritt einer natürlichen Person als Komplementär die Aufsichtsratspflicht entfallen lässt, kommt annahmegemäß bei einer GmbH & Co KG ieS nicht zur Anwendung. Ist ja gerade die Stellung der GmbH als alleinige Komplementärin das wesentliche Merkmal.

Ist nun aufgrund dieser Vorschriften bei der GmbH ein Aufsichtsrat einzurichten, begründet dies – auch bei einer kleinen GmbH iSd § 221 – die Prüfpflicht des JA.

b) Gesellschaftsvertragliche Regelung über den Aufsichtsrat

Im Gesellschaftsvertrag der GmbH kann die Bildung eines Aufsichtsrats vorgesehen (gesellschaftsvertraglich obligatorischer Aufsichtsrat), bzw die spätere Einrichtung eines Aufsichtsrats ermöglicht werden (gesellschaftsvertraglich fakultativer Aufsichtsrat).[277] Auch wenn bezüglich eines gesellschaftsvertraglich vorgesehenen Aufsichtsrats

---

[273] *Straube/Rauter* in *Straube*, Wiener Kommentar zum GmbH-Gesetz³ (2010), § 29 Rz 48.
[274] *Straube/Rauter* in *Straube GmbHG*, § 29 Rz 44.
[275] Mitbestimmungsgesetz vom 4. Mai 1976 (BGBl. I S. 1153)
[276] *Reichert* in *Sudhoff* (Hrsg), GmbH & Co. KG⁶ (2005), § 18 Rz 1.
[277] *Straube/Rauter* in *Straube GmbHG*, § 29 Rz 84.

dieselben Bestimmungen gelten wie für den gesetzlich vorgegebenen,[278] begründet ein Aufsichtsrat, der aufgrund gesellschaftsvertraglicher Bestimmungen eingerichtet ist, keine Prüfpflicht iSd § 268.[279]

c) Zwischenergebnis

Sollte die durchschnittliche Anzahl der Arbeitnehmer der KG und der Komplementär-GmbH in Summe 300 überschreiten, hat die GmbH gemäß § 29 Abs 1 Z 4 GmbHG einen Aufsichtsrat zu bilden. Somit ist auch der JA einer kleinen GmbH prüfpflichtig iSd § 268. Ein gesellschaftsvertraglich eingerichter Aufsichtsrat der GmbH begründet keine Prüfpflicht.

4.2 Der Aufsichtsrat bei der KG

Das Organ eines Aufsichtsrates, wie es von den Kapitalgesellschaften bekannt ist, existiert im Recht der KG nicht. Eine KG kann somit nie zur Bildung eines Aufsichtsrates verpflichtet sein.[280] Auch wenn grundsätzlich alle Gesellschafter gemeinsam zur Willensbildung der Gesellschaft berufen sind,[281] können in der KG Gremien wie Beirat, Ausschuss oder ähnliches errichtet werden.[282] Einzige Einschränkung bei der Bildung von diesen Gremien sind entgegenstehende zwingende gesetzliche Organisationsvorschriften. Dh, in der KG können Gremien grundsätzlich Kompetenzen übertragen bekommen, die sonst einzelnen oder allen Gesellschaftern vorbehalten sind. Freilich natürlich nur im Bereich des dispositiven Gesellschaftsrechts.[283] Somit könnte durchaus ein Ausschuss gebildet werden, der die Aufstellung des JA vorbereitet. Ebenso wäre ein Gremium denkbar, das den JA auf seine Richtigkeit kontrolliert.[284] Selbstverständlich sind solche Gremien kein Aufsichtsrat iSd UGB.[285]

5 Die Prüfung der Jahresabschlüsse

Nach der, für die Abschlussprüfung zentralen Norm des § 268 unterliegen grundsätzlich alle JA von Kapitalgesellschaften und ihnen nach § 221 Abs 5 gleichgestellten Perso-

---

[278] *Koppensteiner* in *GmbHG*, § 29 Rz 18.
[279] *Müller/Wiedermann* in *Straube UGB II*, § 268 Rz 4.
[280] *Gruber*, Aufsichtsratspflicht im grenzüberschreitenden GmbH(Co)-Konzern, wbl 2001, 254 (256).
[281] *Schauer* in *öGesR*, Rz 2/257.
[282] *Mutter* in *Handbuch GesR*, § 8 Rz 1.
[283] *Mutter* in *Handbuch GesR*, § 8 Rz 7.
[284] Ausf dazu *Reichert* in *Sudhoff*, § 18 Rz 31 ff.
[285] *KWT*, KFS/PE 8, Rz 18.

nengesellschaften der Prüfpflicht. Somit ist auch der JA einer GmbH & Co KG grundsätzlich prüfpflichtig.

Die Prüfpflicht entfällt nur für kleine GmbH, die nicht gesetzlich zur Bildung eines Aufsichtsrates verpflichtet sind. Auch wenn die Regelung des § 268 Abs 1 nur von dem Entfall der Prüfpflicht für eine kleine GmbH spricht, ist im Zusammenhang mit § 221 Abs 5 auch eine kleine GmbH & Co KG von der Prüfpflicht befreit.[286] Die Regelung des § 316 dHGB ist hier klarer, der allgemein von kleinen Gesellschaften spricht. Dies hat jedoch zur Folge, dass nach deutschem Recht auch eine kleine AG von der Prüfpflicht befreit ist.[287]

Für Gewöhnlich ist die Komplementär-GmbH als klein iSd § 221 zu qualifizieren. Eine Prüfpflicht des JA besteht nur dann, wenn sie zur Bildung eines Aufsichtsrates verpflichtet ist. Da bei einer entsprechenden Größe der GmbH & Co KG die Voraussetzungen für einen Aufsichtsrat nach § 29 Abs 1 Z 4 recht schnell erfüllt sein werden, ist zu beachten, dass sowohl der JA der Komplementär-GmbH (aufgrund der Aufsichtsratspflicht), als auch der JA der KG selbst (aufgrund der Klassifikation als mittelgroß bzw groß) der Prüfpflicht unterliegen. Für diese Konstellation liegt keine Befreiungsregel vor. Somit ist auch der – höchstwahrscheinlich eher unkomplizierte – JA der Komplementärin zu prüfen. Diese doppelte Prüfpflicht kann so zu einem erheblichen Kostenfaktor für das Unternehmen werden.

5.1 Die Vorlage des Prüfberichts

Der Abschlussprüfer hat nach § 273 Abs 4 seinen Prüfungsbericht zu unterzeichnen und den gesetzlichen Vertretern der Gesellschaft vorzulegen. Der JA der KG ist somit den Geschäftsführer(n) der GmbH als Organ des Komplementärs zu übermitteln. Sollten mehrere Kapitalgesellschaften Komplementär der KG sein, ist der Prüfbericht allen Geschäftsführungsmitgliedern aller persönlich haftenden Kapitalgesellschaften zu übermitteln.[288] Erst durch Übermittlung des Prüfberichts ist der Prüfvorgang abgeschlossen.[289]

Für die GmbH & Co KG ist ebenfalls die Regelung des § 273 Abs 4 2. Satz zu beachten, wonach der Prüfbericht auch (sic!) den Mitgliedern eines eventuell vorhandenen

---

[286] *Lechner* in *Straube*, HGB² (2000), § 268 Rz 3.
[287] *Baumbach/Hopt* in *Baumbach/Hopt/Merkt*, Handelsgesetzbuch³⁴ (2010), § 316 Rz 1.
[288] *KWT*, KFS/PE 8, Rz 7.
[289] *Müller/Wiedermann* in *Straube* UGB II, § 268 Rz 21.

Aufsichtsrats vorzulegen ist. Dh, dem Aufsichtsrat – der ja bei der Komplementär-GmbH eingerichtet ist, kommt hier verpflichtend der Prüfbericht des JA der Personengesellschaft zu. Im Gegensatz zur Prüfpflicht, die ja nur bei einem gesetzlich vorgesehenen Aufsichtsrat besteht, ist es für die Vorlagepflicht irrelevant, ob der Aufsichtsrat aufgrund gesetzlicher oder gesellschaftsvertraglicher Bestimmungen besteht.[290] Eine Vorlagepflicht des Prüfberichtes an die übrigen Gesellschafter, die nicht zur Geschäftsführung berufen sind (zB die Kommanditisten), besteht nicht. Diese haben lediglich im Rahmen ihres Prüfungsrechts die Möglichkeit den Abschlussbericht einzusehen.[291]

5.2 Prüfungsausschuss

Im Zusammenhang mit der Prüfung des JA stellt sich auch für sehr große GmbH & Co KG die Frage, ob eine Pflicht zur Einrichtung eines Prüfungsausschusses besteht. Ein Prüfungsausschuss soll die Prüfung des JA vorbereiten und „eine intensive Beschäftigung des Aufsichtsrats mit dem JA sicherstellen".[292]

Grundsätzlich besteht nach § 30g Abs 4a GmbHG iVm § 271a UGB die Pflicht zur Einrichtung eines Prüfungsausschusses wenn die Größenmerkmale des § 221 Abs 1 um das Fünffache überschritten werden. Dh konkret, dass folgende Tatbestandsmerkmale erfüllt werden müssen, um einen Prüfungsausschuss verpflichtend einzurichten:

- Gesetzliche Aufsichtsratspflicht nach § 29 GmbHG
- Überschreiten von 96,25 Mio € Bilanzsumme bzw 192,5 Mio € Umsatzerlöse

Als problematisch könnte sich nun eine wörtliche Auslegung der Bestimmung des § 30g Abs 4a erweisen. Wie bereits festgestellt kann die KG selbst nicht aufsichtsratspflichtig sein. Da nur die Komplementär-GmbH einen Aufsichtsrat zu bestellen hat, kann auch nur sie zur Einrichtung eines Prüfungsausschusses verpflichtet sein. Fraglich ist nun, ob nur die Zahlen der – für gewöhnlich kleinen – Komplementär-GmbH für die Pflicht zur Einrichtung eines Prüfungsausschusses herangezogen werden dürfen, wie der genaue Wortlaut von § 30g Abs 4a vermuten lässt.[293]

---

[290] *Müller/Wiedermann* in *Straube*, Wiener Kommentar zum Unternehmensgesetzbuch - UGB³ (2011), § 273 Rz 67.
[291] *KWT*, KFS/PE 8, Rz 16 ff.
[292] *Straube/Rauter* in *Straube*, Wiener Kommentar zum GmbH-Gesetz³ (2010), § 30g Rz 206 f.
[293] § 30g Abs 4a GmbHG lautet: „In aufsichtsratspflichtigen (§ 29) Gesellschaften mit den Merkmalen des § 271a Abs. 1 UGB ist ein Prüfungsausschuss zu bestellen."

Huemer[294] hat dieses Problem erkannt und führt dazu aus, dass „[...] es nicht nachvollziehbar [wäre], warum diese intensive Beschäftigung lediglich bei der GmbH, nicht jedoch auch im Falle einer Komplementär-GmbH einer KG notwendig sein sollte, noch dazu wo die Auswirkungen eines Jahresabschlusses (Aufstellung, Offenlegung, Prüfung) bei der GmbH und bei der praxistypischen GmbH & Co KG im UGB völlig ident geregelt sind."[295]

Es ist auch mE hier kongruent für die Beurteilung der Größenkriterien des § 271a auf die Merkmale der KG abzustellen und nicht auf jenen der GmbH zu beharren. Somit ist im Aufsichtsrat der Komplementär-GmbH ein Prüfungsausschuss zu bestellen, wenn die KG selbst eines der in § 271a genannten Merkmale erfüllt. Die Nichtbestellung eines Prüfungsausschusses, trotz einer bestehenden Pflicht hierzu, berührt die Gültigkeit des Feststellungsbeschlusses des JA nicht.[296]

5.3 Feststellung des JA

Wie unter Pkt B1.3 bereits kurz dargelegt, besteht ein Unterschied zwischen Aufstellung des JA (der Prozess der tatsächlichen Erstellung des JA) und der Feststellung (die Genehmigung des JA durch die Gesellschafter). Der JA der KG wird von der Geschäftsführung der Komplementär-GmbH aufgestellt und muss – nach nunmehr hM – von allen Gesellschaftern der KG festgestellt werden. Die Feststellung des JA stellt ein Grundlagengeschäft dar. Dies hat zur Folge, dass auch die Kommanditisten bei der Beschlussfassung teilnehmen (müssen).[297]

6 Ergebnis

Eine GmbH & Co KG kann somit prüfpflichtig sein, wenn sie die Größenmerkmale des § 221 überschreitet. Bis dahin gilt für die Prüfpflicht die Befreiungsregel des § 268 Abs 1. Der JA der Komplementär-GmbH ist selbst dann prüfpflichtig, wenn sie als klein zu qualifizieren ist, aber des Gesetzes wegen einen Aufsichtsrat zu bilden hat. Somit kann vorkommen, dass beide JA einer Prüfpflicht unterliegen. Zu beachten ist ebenfalls die Möglichkeit, dass bei einer sehr großen GmbH & Co KG ein Prüfungsausschuss beim Aufsichtsrat der GmbH zu bestellen ist.

---

[294] *Huemer*, GES 2010, 108.
[295] *Huemer*, GES 2010, 108 (111).
[296] *Nowotny*, Neues für den Aufsichtsrat, RdW 1997, 577 (578).
[297] *Schörghofer* in *öGesR*, Rz 2/807; *Jabornegg/Artmann* in *Jabornegg UGB*, § 167 Rz 7; *Nowotny* in *Straube UGB II*, § 222 Rz 6. Umfassend zur Diskussion *Weilinger*, Aufstellung, Rz 701 ff.

D Zusammenfassung

Die GmbH & Co KG ist in ihrer Eigenschaft als „Personengesellschaft mit beschränkter Haftung" im Wirtschaftsleben nach wie vor beliebt. Die Verbindung von zwei unterschiedlichen Gesellschaftstypen bringt unter anderem aus Sicht der Rechnungslegung der beiden Gesellschaften erhebliche Probleme mit sich.

So unterliegt eine GmbH & Co KG ieS stets dem Dritten Buch des UGB und den erweiterten Rechnungslegungsvorschriften für Kapitalgesellschaften. Das heißt, dass sowohl die GmbH & Co KG als auch die Komplementär-GmbH einen JA nach den Regeln des Dritten Buches und unter Beachtung der zusätzlichen Vorschriften für Kapitalgesellschaften erstellen müssen.

Sollte sich die Beitragspflicht der Komplementär-GmbH in der Geschäftsführung und der Haftungsübernahme erschöpfen (und somit keine Kapitaleinlage vorgesehen sein), ist der GmbH eine angemessene Haftungsentschädigung zu gewähren. Diese ist als „Ertrag aus Beteiligung" in der GuV der GmbH zu verbuchen während in der Bilanz die Beteiligung als Merkposten angesetzt wird.

Erbringt die Komplementär-GmbH jedoch eine Kapitaleinlage in der KG ist diese Beteiligung mit den Anschaffungskosten als Finanzanlage in der Bilanz zu aktivieren. Gewinn- und Verlustzuweisungen sind mittels der Zuflussmethode zu berücksichtigen. Diese stellt auf den tatsächlichen Verfügungsanspruch ab, während die veraltete Spiegelbildmethode den Wert der Beteiligung mit Gewinn- und Verlustzuweisung automatisch ändert.

Aufgrund der unbeschränkten Haftung des Komplementärs sind unter Umständen die Verbindlichkeiten der KG auch in der Bilanz der GmbH zu berücksichtigen. Eine Identität der Verbindlichkeiten und eine stetige Bildung von Rückstellungen ist nicht zielführend. Viel eher wird ein Ausweis als Haftungsverhältnis unter der Bilanz nach § 199 der Informationsfunktion eines JA eher gerecht.

Wenn jedoch eine Inanspruchnahme der Haftung wahrscheinlich wird, ist in der GmbH zwingend eine Rückstellung für die Verbindlichkeiten der KG zu bilden. Gerade die insolvenzrechtlichen Tatbestände der Überschuldung bzw Zahlungsunfähigkeit gelten als Indikatoren für eine Pflicht zur Bildung von Rückstellungen. Die Höhe der zu bildenden Rückstellung hängt insbesondere von der Höhe der Verbindlichkeiten der

KG, eventuellen Haftungen der Kommanditisten, Vereinbarungen mit Gläubigern und einem etwaigen Sanierungsplan ab. Häufig hat eine Insolvenz der KG jedoch die Insolvenz der Komplementär-GmbH zur Folge, da eine Regressforderung nach § 110 UGB nicht werthaltig ist.

Unter Umständen ist der JA der KG auch prüfpflichtig: wenn die KG die Größenmerkmale des § 221 überschreitet, die Komplementär-GmbH als groß bzw mittelgroß iSd § 221 gilt oder die Komplementär-GmbH einen Aufsichtsrat zu bilden hat.

Probleme bereitet hier in erster Linie der zeitliche Aspekt des Überschreitens der Grenzwerte des § 221. Fraglich ist nämlich ob die Umstände zum Bilanzstichtag oder der Zeitpunkt der Aufstellung für die Beurteilung entscheidend sind und wie ein allfälliges Rumpfgeschäftsjahr zu behandeln ist.

Auch ein gesetzlich obligatorisch zu bildender Aufsichtsrat (insbesondere aufgrund von § 29 Abs 1 Z 4 GmbHG) bringt die Folge der Abschlussprüfung für den JA der Komplementär-GmbH mit sich. Somit ist unter Umständen sowohl der JA der Komplementär-GmbH als auch der JA der KG prüfpflichtig.

Des Weiteren ist die Regelung des § 30g Abs 4a GmbHG iVm § 271 UGB auch auf die GmbH & Co KG analog anzuwenden und unter den genannten Voraussetzungen ein Prüfungsausschuss im Aufsichtsrat der Komplementär-GmbH einzurichten.

Literaturverzeichnis

Beck'sches Steuer- und Bilanzrechtslexikon, Beck-online (2011), Beck, München.

Adler, Hans/Düring, Walter/Schmaltz, Kurt, Rechnungslegung und Prüfung der Unternehmen [6] (1996), Schäffer-Poeschel, Stuttgart.

Arnold, Nikolaus (Hrsg), Die GmbH & Co KG. Gedenkschrift für Wolf-Dieter Arnold (2011), Linde, Wien.

Barborka, Karl/Rab, Karl, Das Gutachten gemäß § 26 URG, RdW 2000, 59.

Baumbach, Adolf/Hopt, Klaus/Merkt, Hanno (Hrsg), Handelsgesetzbuch [34] (2010), Beck, München.

Bertl, Romuald/Deutsch-Goldoni, Eva/Hirschler, Klaus, Buchhaltungs- und Bilanzierungshandbuch. [mit zahlr. Beispielen][6] (2009), LexisNexis ARD ORAC, Wien.

Bertl, Romuald/Hirschler, Klaus, Die Realisation von Gewinn- und Verlustanteilen aus Personengesellschaften, RWZ 2000, 191.

Bertl, Romuald/Mandl, Dieter (Hrsg), Handbuch zum Rechnungslegungsgesetz [15] (2010), LexisNexis Österreich, Wien.

Binz, Mark K./Sorg, Martin H./Mayer, Gerd, Die GmbH & Co. KG [11] (2010), Beck, München.

Buchegger, Walter/Markowetz, Klaus, Insolvenzrecht (2010), Springer, Wien.

Dillinger, Axel, Die Bilanzierung von Beteiligungen an Personengesellschaften, BÖB 2007, 26.

Duursma, Dieter/Duursma-Kepplinger, Henriette-Christine/Roth, Marianne, Handbuch zum Gesellschaftsrecht (2007), LexisNexis ARD ORAC, Wien.

Ebenroth, Thomas Boujong Karlheinz/Joost, Detlev/Strohn, Lutz (Hrsg), Handelsgesetzbuch [2] (2008), Beck, München.

Egger, Anton/Samer, Helmut/Bertl, Romuald, Der Jahresabschluss nach dem Unternehmensgesetzbuch [12] (2008), Linde, Wien.

Fey, Gerd, Grundsätze ordnungsmäßiger Bilanzierung für Haftungsverhältnisse (1989), IDW-Verlag, Düsseldorf, Münster.

Fida, Stefan/Rechberger, Clemens, Zur Offenlegungspflicht der Kapitalgesellschaft & Co, RdW 2006, 196.

Fritz-Schmied, Gudrun/Schwarz, Reinhard, Die bilanzielle Behandlung von Anteilen an einer Personengesellschaft, SWK 19/2009, W 67.

Geist, Reinhard, Umgründungen und rechnungslegungsrechtliche Größenklassen, wbl 2001, 358.

Gruber, Michael, Aufsichtsratspflicht im grenzüberschreitenden GmbH(Co)-Konzern, wbl 2001, 254.

Gummert, Hans/Weipert, Lutz (Hrsg), Münchener Handbuch des Gesellschaftsrechts - Band 2. Kommanditgesellschaft · GmbH & Co. KG Publikums-KG · Stille Gesellschaft (2009), C. H. Beck, München.

Hadl, Peter/Reckenzaun, Axel, Erste (positive) Erfahrungen mit dem Unternehmensreorganisationsverfahren, ZIK 2001, 90.

Harrer, Friedrich, Das neue Eigenkapitalersatzrecht, wbl 2004, 201.

Harrer, Friedrich, Die Personengesellschaft als Trägerin eines Unternehmens. Gesellschaft bürgerlichen Rechts, offene Gesellschaft, Kommanditgesellschaft, GmbH & Co KG ; [Handbuch] (2010), Manz, Wien.

Hesselmann, Malte/Tillmann, Bert/Mueller-Thuns, Thomas (Hrsg), Handbuch GmbH & Co. KG. Gesellschaftsrecht, Steuerrecht[20] (2009), O. Schmidt, Köln.

Hirschler, Klaus, Die Bilanzierung der Solidarhaftung bei Spaltung einer Kapitalgesellschaft, RWZ 1996, 97.

Hirschler, Klaus (Hrsg), Bilanzrecht (2010), Linde, Wien.

Huemer, Daniela, Größenabhängige Erleichterungen bei der Rechnungslegung, Fachbuch Rechnungswesen, Linde, Wien.

Huemer, Daniela, Prüfungsausschuss bei der GmbH & Co KG, GES 2010, 108.

Huemer, Daniela, Rechtsformspezifische Rechnungslegung: Entscheidet die Rechtsform zum Abschluss- oder zum Aufstellungszeitpunkt?, RdW 2006, 492.

IDW, IDW ERS HFA 18 n.F. Entwurf einer Neufassung IDW Stellungnahme zur Rechnungslegung: Bilanzierung von Anteilen an Personenhandelsgesellschaften im handelsrechtlichen Abschluss.

IDW, IDW RS HFA 18. IDW Stellungnahme zur Rechnungslegung: Bilanzierung von Anteilen an Personenhandelsgesellschaften.

Jabornegg, Peter/Artmann, Eveline (Hrsg), UGB[2] (2010), Springer, Wien.

Jelinek, Wolfgang, Insolvenzrechtsreform 2010, wbl 2010, 377.

Kalss, Susanne/Eckert, Georg/Schörghofer, Paul, Ein Sondergesellschaftsrecht für die GmbH & Co KG?, GesRZ 2009, 65.

Kalss, Susanne/Nowotny, Christian/Schauer, Martin (Hrsg), Österreichisches Gesellschaftsrecht, Handbuch (2008), Manz, Wien.

Kalss, Susanne/Schauer, Martin/Winner, Martin Allgemeines Unternehmensrecht[1] (2011), Facultas.WUV, Wien.

Kastner, Walter/Stoll, Gerold (Hrsg), Die GmbH & Co. KG im Handels-, Gewerbe- und Steuerrecht[2] (1977), Orac, Wien.

Kirchhof, Hans-Peter/Lwowski, Hans-Jürgen/Stürner, Rolf (Hrsg), Münchener Kommentar zur Insolvenzordnung[2] (2008), Beck, München.

Kodek, Georg, Von der KO zur IO, ÖBA 2010, 498.

Kofler, Herbert/ Jacobs Otto (Hrsg), Rechnungswesen und Besteuerung der Personengesellschaften. FS Karl Vordrazka (1991), Linde, Wien.

Konecny, Andreas/Schubert, Günter (Hrsg), Insolvenzgesetze (2010), Manz, Wien.

Koppensteiner, Hans G./Rüffler, Friedrich (Hrsg), GmbH-Gesetz ^{3} (2007), LexisNexis ARD ORAC, Wien.

Korntner, Fritz, Die wichtigsten Aktivitäten bei geplanten Umgründungen (Teil VIb), FJ 2010, 84.

Krejci, Heinz/Bydlinski, Sonja/Dehn, Wilma/Schauer, Martin (Hrsg), Reformkommentar UGB (2007), Manz, Wien.

Kusterer, Stefan/Kirnberger, Christian/Fleischmann, Bernhard, Der Jahresabschluss der GmbH & Co. KG nach dem Kapitalgesellschaften- und Co-Richtlinie-Gesetz, DStR 2000, 606.

KWT, KFS/PE 8. Verpflichtung des Abschlussprüfers zur Vorlage des Prüfungsberichts gemäß § 273 Abs 4 UGB.

Ludwig, Christian, Erfolgsrealisation und Beteiligungsansatz bei den Gesellschaftern einer GmbH & Co KG aus handelsrechtlicher Sicht, RdW 2000, 319.

Moser, Gerald, Zur Frage der Vergütung der Komplementär-GmbH in der GmbH & Co KG, SWK 33/2009, W 161.

Mutter, Stefan in *Gummert, Hans/ Weipert, Lutz* (Hrsg), Münchener Handbuch des Gesellschaftsrechts - Band 2 (2009), C. H. Beck, München.

n.N., Bilanzielle Behandlung von Anteilen an Personengesellschaften, RWP 2011, 43.

Nowotny, Christian, Neues für den Aufsichtsrat, RdW 1997, 577.

Oberguggenberger, Michael/Schumacher, Hubertus, Überschuldungsprüfung: Die "überwiegende Wahrscheinlichkeit" in der Fortbestehensprognose, RdW 2008, 187.

OGH vom 11. November 1986, 2 Ob 532/86.

OGH vom 03.12.1986, 1 Ob 655/86.

OGH vom 25.10.1995, 6 Ob 1028/95.

OGH vom 26.08.1999, 8 Ob 201/99p.

OGH vom 22.04.2009, 3 Ob 32/09s, *Ansprüche gegen Gesellschafter einer Personengesellschaft nach Forderungsanmeldung im Konkurs* wbl 2009, 516.

OGH vom 18.12.2009, 6 Ob 211/09m.

Pichler, Karl, Ist das URG selbst reorganisationsbedürftig?, SWK 34/1998, W 167.

Reich-Rohrwig, Johannes, Verpfändung und Pfändung von OG- und KG-Anteilen, ecolex 2011, 4.

Roth, Günter H./Fitz, Hanns/Murschitz, Katharina, Unternehmensrecht ^{2} (2006), LexisNexis ARD ORAC, Wien.

Schlitt, Michael, Die GmbH & Co. KG in der Insolvenz nach neuem Recht (1. Teil), NZG 1998, 701.

Schmidt, Karsten, Die GmbH & Co. KG als Lehrmeisterin des Personengesellschaftsrechts, JZ 2008, 425.

Schmidt, Karsten, Insolvenz und Insolvenzabwicklung bei der typischen GmbH & Co. KG, GmbHR 2002, 1209.

Schmidt, Karsten (Hrsg), Münchener Kommentar zum Handelsgesetzbuch ² (2008), Beck, München.

Schmidt, Karsten (Hrsg), Münchener Kommentar zum Handelsgesetzbuch ³ (2011), C. H. Beck, München.

Schmidt, Karsten/Uhlenbruck, Wilhelm (Hrsg), Die GmbH in Krise, Sanierung und Insolvenz ⁴ (2009), Schmidt, Köln.

Schumacher, Hubertus, Das Unternehmensreorganisationsgesetz, ÖBA 1997, 855.

Schummer, Gerhard, Zur Rechnungslegung der Kapitalgesellschaft & Co, RWZ 1993, 7.

Schummer, Gerhard, Personengesellschaften ⁷, Orac Rechtsskripten : Unternehmensrecht (2010), LexisNexis-Verl. ARD Orac, Wien.

Straube, Manfred (Hrsg), HGB ² (2000), Manz, Wien.

Straube, Manfred (Hrsg), Wiener Kommentar zum Unternehmensgesetzbuch - UGB ⁴ (2009), Manz, Wien.

Straube, Manfred (Hrsg), Wiener Kommentar zum GmbH-Gesetz ³ (2010), Manz, Wien.

Straube, Manfred (Hrsg), Wiener Kommentar zum Unternehmensgesetzbuch - UGB ³ (2011), Manz, Wien.

Sudhoff, Heinrich (Hrsg), GmbH & Co. KG ⁶ (2005), Beck, München.

UFS Wien vom 26.05.2010, RV/0345-W/06 Findok 47362.

Uhlenbruck, Wilhelm, Die GmbH & Co KG in Krise, Konkurs und Vergleich ² (1988), Schmidt, Köln.

VwGH vom 29.07.1997, 93/14/0128.

VwGH vom 16.12.1999, 99/16/0205 ecolex 2000, 256.

Weilinger, Arthur, Die Aufstellung und Feststellung des Jahresabschlusses im Handels- und Gesellschaftsrecht (1997), Manz, Wien.

Wiesner, Werner/Grabner, Roland/Wanke, Rudolf (Hrsg), MSA EStG 11. EL, Manz, Wien.

Winkeljohann, Norbert/Taetzner, Tobias in *Ellrott/Budde,* Beck'scher Bilanz-Kommentar⁷ (2010), Beck, München, § 253.

Winnefeld, Robert, Bilanz-Handbuch ⁴ (2006), Beck, München.